流淌 臺灣之心

濁水溪空拍誌

蔡嘉陽 著

封面說明

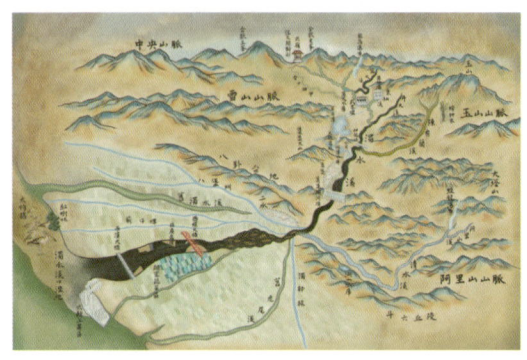

（王姿莉／繪）

　　一直以來都非常喜歡看古地圖，雖然不像現代地圖能提供精準的空間地理資訊，卻可呈現當時的人對於該區域環境認知和人文聚落發展，所以常看古地圖可以發思古之幽情。而且古地圖多是以鳥瞰的視角繪製，這點跟空拍機拍攝的手法非常接近，於是在構思本書封面時就想要利用古地圖風格來呈現。

　　想起多年君子之交的畫家王姿莉老師，便邀請她來幫我繪製古地圖風格的濁水溪流域圖做為封面圖。王老師也是一位喜愛大自然的畫家，長年在大自然中拈花惹草、看雲、觀鳥、研究昆蟲等等。不僅在許多自然書寫書籍中繪製插畫和封面，也幫很多單位設計繪製景點導覽地圖，所以她的畫風和作品最是符合我的需求。

　　王老師很高興答應我的邀約，還特別跟我跑一趟野外現場觀看陳有蘭溪、濁水溪的溪流特性，以及河川沿線的山脈、河谷地形和濁水溪沖積平原樣貌，便於繪圖時能更精準掌握濁水溪流域環境特性。

　　終於王老師畫出了這幅兼具古地圖風格和現代地圖相對精準的地理資訊，也符合本書用空拍機的現代科技技術為內涵，而以傳統復古風格為門面的新舊融合與讀者交流。

　　為了能夠完整展現這張濁水溪流域古地圖，特地在前面以跨頁版面呈現，讓讀者可以仔細欣賞這張地圖的細緻與美感，由衷感激王姿莉老師的嘔心瀝血之作更增加了本書的質感和收藏價值。

推薦序①

代序《流淌臺灣之心》

成大退休生態‧哲學教授

陳玉峯

嘉陽小兄捎來濁水溪大作，看得我內心百感交集。我這代人是爬走在地面調查濁水溪的；嘉陽這代則是鷹眼俯瞰的視野，但是，對母親母土關愛的心、對臺灣生界溯源的情，以及孺慕的童真，是一樣的。

我不確定何謂傳承或隔空傳遞，然而，嘉陽在天地之間的努力，以及字裡行間不經意流露的臺灣之心，教我瞬間想起我的老恩人，生於澎湖媽宮東甲，大家公認「一生誠正，仁慈為懷的時代人格者」——郭自得先生（1916～2011）。郭前輩幫我翻譯日治時代的文獻30餘年，包括制式研究報告及大部頭的圖書合計超過五百份，其中有多冊濁水溪的調查研究，例如臺灣總督府營林局大正年間對濁水溪上游約5千公頃集水區系治山治水的詳實報告，在總結中擲地有聲地指出濁水溪的禍根在山地，而他們一切的努力並非期待「能將濁水溪的混濁，一滴不漏地使其澄清，也不是能夠防止颱風、豪雨、地震的災害，只是克盡全力與自然相和，以減少其危害……」！嘉陽在內蘊價值系統中，正是具足類似的自然情操、土地倫理的特徵，他對集集攔河堰的遺憾，恰似數十年前我對惡形惡狀、徹底終結自然生態系的「林相變更」，如出同轍。

多年來，我看著嘉陽多數時候孤單地奮戰大大小小的謊言與不公不義，可是這個世界如同幾千年來脆弱的人性，負面總是占上風，必也在無數的犧牲、悲劇之後，真理、正義才會假裝似地露出半個臉，很快地又隱沒。所謂的「自由、民

主」，如同「獨裁、專制」的結局或「常態」，如果選票可以決定真理，則世間人人得永生！

等而下之者不論，所謂的「學術界」算是正經、正常的人，絕大部分就如同李維史陀（Claude Lévi-Strauss, 1908～2009）在其《憂鬱的熱帶》（*Tristes Tropiques*）第二部中，真性情地控訴「真正的知識增長」與「知識架構複雜化」被混淆，專業技巧取代了真理，百年來如此，現今尤烈。先前嘉陽也不時槓上學術中人或相關的單位，如今我在其濁溪大作中，已然看見他的成熟穩健，少了慷慨激昂，多了溫柔的堅定，以及我很在意的，更加明確的風骨。

古老有一傳說，「濁水溪一旦河清，象徵鼎革的天啟」，這當然是胡扯，事實上它經常河清，至少年年在乾水季都有許多河段澄清；而濁水溪之所以混濁的「原因」，原住民傳說是部落鬥爭，凶殘的一方屠殺了對方全數人，鮮血染紅整條溪水，於是天神震怒，讓濁水溪終年混渾，殺人族永不得食其水；另一古老華人的傳說，說是濁水溪源頭有隻金鴨子，不時擾動泥沙，以致於濁水恆是。

1980年代，我因調查濁水溪各流域的植群，順便也想找出那隻金鴨子。依個人經驗，我所走過的林道當中，車輪輾過，揚起灰塵數量最大，顆粒最細，有如麵粉般者，非丹大林道莫屬。事實上由林道沿途盛行的栓皮櫟社會及松林等，已經顯現出地質、地體、氣候等環境因子的特徵，因此我選擇在年底及年初的乾旱季節，從濁水溪下游上溯，因為在年度旱季或即水流量最少的時期，大部分溪水中的泥沙都已沉澱，只要來到兩條溪流交會或合流處及附近，立即可判斷哪條溪流的含砂量或滾動砂土量較大，哪條已澄清？循著相對混渾者繼續上溯，重複如上述的比較再上溯，就可以找到那隻「金鴨子」。

例如丹大林道的合流坪處，就是典型一清一濁的涇渭分明。循著丹大林道深入，七彩湖這邊的丹大溪是清澈的，但中央山脈大石公山流下來的支流，是我已知在最枯水季，唯一最混濁的源頭，或說「金鴨子」的家就在大石公山稜下。

曾經，我在丹大合流坪的河階台地投宿，夜晚目睹原民的燒田，

引發我對布農族火耕原理的領悟，正式產生對臺灣土地倫理的定義：特定族群在特定地理區生活，接受該環境的制約，依據經驗法則，先是產生圖騰與禁忌，而後發展出特定的生活型，該生活型一方面對自己族群的世代發展有利，另一方面對整體環境也有了保全的大作用，如此生活型中亦包括禁忌所產生的「該然」與「不該然」，是謂土地倫理。而且從濁水溪的合流坪，到大小鬼湖魯凱族巴冷（Barun）公主的神話故事，隱喻著外來民族到臺灣生活、生存以降，認同臺灣，以祖先巴冷公主跟大、小鬼湖蛇王的結婚為象徵，更將祖靈崇拜直接放進大、小鬼湖，達成自然生態保育（含土地倫理）的最高境界！

1985年，我開始調查清水溪上游的陳有蘭溪（八通關古道）植群生態，從八通關大山頂、金門峒斷崖、觀高、樂樂，到東埔一鄰（溫泉區）。由於我腦海中一直縈繞著1898年12月20日深夜，德國人史坦貝爾在八通關營地聽到山塊崩塌的隆隆聲響（金門峒斷崖），誤以為是曹族來襲而整夜備戰，加上21日下起傾盆大雨，史坦貝爾的登山隊伍鎩羽折回東埔溫泉，25日再度從東埔啟程，26日上行穿經海拔3,200公尺的冷杉林時積雪30～60公分，然後才登上玉山東峰，在東峰頂找到1896年11月13日齊藤音作的首登信物。同時他驚覺旁側的才是最高山頂，於是獨自再攀岩登上玉山主峰頂，締造臺灣登山史上文明人真正的首登主峰。

這一陣陣歷史的轟隆聲，教我在1985年萌生要在金門峒斷崖頂邊緣帶，依固定距離打上有編號、秩序的樁，再選定合宜地點，以望遠鏡每個月觀察、繪圖一次的想法，如此經年累月比較下來，我就可以推算金門峒斷崖向源侵蝕的速率，以及土方流失量等等。然而我經常會「撈過界」，像這類簡單的地體議題，我就交付屬下課員去辦理，此即後來玉山國家公園相關委辦調查之濫觴。

因為1980年代我想獨立完成中研院不了而了的「濁大計畫」，因而進行了許多人文口訪，我相信有許多稗官野史是罕為人知的，例如1930年代上半葉日本人從濁水溪越域引水日月潭，當隧道完成後，執事找來一批死囚，要他們從入口快

跑，多少分鐘之後放水，逃得出去則自由，逃不出去成水祭！據說後來僅一人倖免於難，保有一口氣控訴這軼史。如今當然死無對證。反正我記錄了一籮筐有的沒的。

從中央山脈、玉山山脈、阿里山山脈到海岸地區，我全方位的調查從不問什麼特定目的，好像我是臺灣自然史、生界史詩最後一位見證者似的。

1988年2月16日是除夕，陳月霞與我的濁溪調查終於走到了出海口。我們調查、拍攝到灰茫茫的際夜，朔風野大，冷冽襲人，生平首次也是唯一一次陷入流砂區，身形直下墜，後來連爬帶滾才逃了上來，於是以採集袋挖了流砂一大包。事隔約兩年，我從《雲林縣采訪冊》看到形容濁溪出海口的流砂，說是「濁溪砂以顏色質地故，名為『鐵板砂』，有流砂，人溺之，九條牛也拉不起來！」頓時我想起遲來的恐懼，杜甫的詩句飄上眼簾：「死去憑誰問，歸來始自憐」，同時映現只要還有一口氣在，人就沒有悲觀的權利。

然而那包流砂就貯藏在書櫃下22年，直到2010年1月，我清掃時才發現。巧合的是，臺南環盟陳椒華教授找我幫忙募款，我就裝盛了一小瓶鐵板砂，講述臺灣生命大河的土砂，如何從合歡東峰、八通關大山、大石公山……山頂滾落的石塊，歷經數百、數千年，和著生靈無數血淚，一路書寫史詩而漸次裂解成為細砂，直到出海大口暫時流佇，而與我邂逅，這就是母親母土本命土！結果有成大職員立馬舉手，以30萬元認購之。

從此，我開始為臺灣世代環境募十年之「無功用行款十萬元每小瓶」，也就是要鐵板砂的人，必須在十年內做任何有益於公眾的大、小事，百次、千次或萬件次，如果沒有實踐，就必須捐出至少十萬元給他認為或認同的公義（益）單位等。這袋鐵板砂「賣」出了數百千瓶，包括打破立法院玻璃第一批衝進去的抗爭者、在街頭被警察打得頭破血流的我的學生們，以及廣大在全國各地蹲點默默義行的人們。

總之，我的「濁大計畫」辛勤調查的龐大資料，只寫出了若干植被帶報告，以及一些雜文而已，如〈濁水溪畔春風寒〉（連載於中時人間副刊1990.4.9～21；收錄於《臺

灣綠色傳奇》136–182頁，1991，張老師文化公司），一生濁溪追溯似已隨溪水流失矣。

　　無疑的，嘉陽的大作形同替我還給臺灣一筆未了的天債，而且視野、格局波瀾壯闊，幀幀數大地景之外，我咀嚼、感受著文字背後的臺灣之心，我彷彿是蛟龍瀑布往下一躍的水珠，250萬年臺灣物語、46億年地球史詩，以及宇宙洪荒史歷歷在心、在靈內，閃爍明滅。我以嘉陽的奉獻為榮，更期盼嘉陽轟轟烈烈地打拚下去，不管遭遇任何困頓，不計所有挑戰，如同濁溪之水天上來，也走向該走的地方。

作者與陳玉峯老師合影

推薦序② 我的濁水溪盟友

臺灣師範大學臺灣史研究所名譽教授 張素玢

認識嘉陽是在反國光石化風起雲湧的階段。歷史學者的訓練要冷眼旁觀，冷靜看待事件的發展，但是濁水溪出海口北岸設立規模超過六輕的石化工業區這件事，卻讓我怎麼也「冷」不下來。社會上各種反國光石化的聲浪一波又一波，卻好像難以擋住石化大怪獸。

這時我注意到彰化縣環保聯盟發起「收復濕地，還我河口」搶救濁水溪彰化海岸重要濕地的網路連署。時任理事長的蔡嘉陽倡議「濁水溪口海埔地公益信託」，這是臺灣第一次的環境信託行動，同時又以「搶救白海豚」將訴求升高到全球關切的議題。保護環境的熱情，必須轉化成具體的策略方能奏效，嘉陽燃起反國光石化的熊熊火焰，終於收復河口濕地，成功擋下國光石化，在這個事件當中扮演了關鍵的角色。從此，他也成為我心中濁水溪聯盟的一分子。

2014年以後，嘉陽注視濁水溪的角度開始由地面拔升到天空，玩起了無人空拍機，沒想到他的新嗜好日後在我最需要的時候助我一臂之力。

事情是這樣的，2019年拙著《未竟的殖民──日本在臺移民村》一書出版，衛城出版社在北部、中部、南部、東部各安排了新書發表，我通常在演講前會把該區的日本移民村重新走一遍。日本移民村的空間配置非常特別，是臺灣第一次非城市地區的井字形村落結構，道路總是縱橫交錯，使移民村呈現方格狀，空間感和臺灣村落截然不同。這樣的方格狀村落若從高處拍下，一定更能呈現移民村的空間特性。

1993 年左右，我就把腦筋動到空中噴灑農藥的飛機，也找過玩輕型飛機的人，央求把我帶到空中去拍攝。雖然他們同意我的看法，卻不敢接受我的做法。到了 2017 年終於機會成熟，我興沖沖地借到一部空拍機，也組了一個四人特攻隊，擬定空拍計畫，打算從集集攔河堰開始，再沿著舊濁水溪浮覆地，把臺灣為數最多的移民村，全部從空中拍下來。

　　計畫開始的第一天，我在南投縣文化局演講，由先遣部隊移駕集集攔河堰空拍。當我演講完畢，瞄了一下手機訊息，只看到「老師，不好了……」空拍機竟然掉到集集攔河堰，不要說空拍機，連汽車掉到裡頭都撈不起來。

　　我們就像失去武器的軍隊，束手無策。我當下決定按照計畫走，幾個學生面面相覷，不知兩手空空的，未來幾天要怎麼進行？腦筋一片空白的我，突然想起嘉陽近幾年空拍玩得很精到，我一邊開車一邊請學生幫我找嘉陽的聯絡方式。學生說：「老師，妳連他的電話或 Line 都沒有，怎麼可能找來幫忙呢？」

　　找到電話一撥，嘉陽在烏魯木齊，我心一沉，完了！沒想到他表示過幾天就會回臺灣，可以接手鹿島村、秋津村、八洲村的空拍。有義氣的朋友就是這樣！

　　幾天後我們碰面，他打開廂型車，只見架上各種器材置放井然有序，嘉陽拿起空拍機，問我要飛多高？想要拍什麼角度？我呆呆地不知如何回覆，但他自有定見，很快就開始放飛了。我們看著遙控器的小小螢幕，從高處拍下的方格狀日本移民村落，就是我 10 多年來想要的畫面。

　　由於我借來那台空拍機降落時常會失控亂掃一通，每次試飛降落我們總是抱頭掩護。眼看空拍機要降落了，我們的慣性動作又來了，大家趕緊抱頭蹲下。卻見嘉陽定氣神閒，空拍機就手擒來，讓我們充分見識到人家的技術是怎樣了得！

　　2025 年 5 月，嘉陽寄來一本書稿，希望我幫忙寫篇序。我忙不迭地一頁一頁看下去，也想起這一路從反國光到守護濁水溪、守護大地的嘉陽，他拍出了大地的生命和靈魂。讀著書中的文字，令我感動萬分；而看著那一張一張用心拍下的照片，卻又讓我悲喜交集！

推薦序③

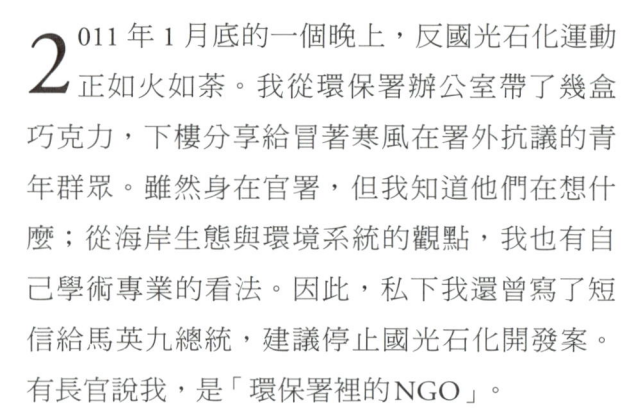

尋回暖心，重塑河川新文明

國立臺灣海洋大學榮譽講座教授、考試院考試委員

邱文彥

2011年1月底的一個晚上，反國光石化運動正如火如荼。我從環保署辦公室帶了幾盒巧克力，下樓分享給冒著寒風在署外抗議的青年群眾。雖然身在官署，但我知道他們在想什麼；從海岸生態與環境系統的觀點，我也有自己學術專業的看法。因此，私下我還曾寫了短信給馬英九總統，建議停止國光石化開發案。有長官說我，是「環保署裡的NGO」。

蔡嘉陽老師是反國光石化運動最主要的啟動者和靈魂人物。一個數千億元的開發案要轉彎，以「小蝦米鬥大鯨魚」，百折不撓，何其不易？除了智慧、毅力、專業、說服力和動員力外，沒有一顆熱愛臺灣的心，是難以承擔和成功的。

我和蔡老師好像特別有緣。當年在臺61快速道路芳苑段環評過程中，我們角色不同卻理念一致，裡應外合，一起護衛西濱濕地鳥類，並要求興建拱型隔音牆。如今這座獨特的隔音牆，矗立在芳苑普天宮前海空步道附近，據說已成為道路施工機關一項傲人的業績和標竿。守護臺灣的生態環境，需要像蔡老師一樣有睿智、能夠領導、也願意為在地發聲的人。

最近幾年，我們不約而同都關注風光電的議題，尤其是西濱「漁電共生」和光電板濫建的情況，令人怵目驚心，蔡老師也對此留下了許多珍貴的空拍紀錄。在多次演講中，我都借來他剪輯的影片播放，雖然這段精采的短片只有字幕，但觀眾卻無不動容；一位聽眾告訴我，看了「心情好沉重」。

齊柏林先生的《看見臺灣》，以「空拍」這種不一樣的視角，激起國人對於國土破壞的高度關切。蔡老師這幾年上山下海，集結出版如此重要的著作，將臺灣環境的變遷保存了忠實又珍貴的空拍紀錄，相信是國土規劃和環境守護者重要的參考教材和研究資訊。同時，他還不藏私，在書中詳述了空拍的技巧、法規和要領，十分令人敬佩。

2023年11月，我亦步亦趨地和一群年輕朋友前往玉山北峰和主峰「向山致敬」，深深地體會臺灣之美；而閱讀這本書，更是心有戚戚焉。《流淌臺灣之心：濁水溪空拍誌》，可說是蔡老師窮盡心力，針對濁水溪流域的水土林做了總覽，上篇不但呈現當前開發或破壞現況，也精要敘述濁水溪的歷史、源流、分區特性和地貌風采，使讀者得以相較今昔而有所啟發。此外，下篇對於濁水溪開發利用、揚塵真相、濕地守護和藍碳神話則做了深入剖析，由理論與實證導引讀者做更深層和多方的思考。我曾在立法院催生《國土計畫法》、《濕地保育法》、《海岸管理法》及《環境教育法》等重大法案，因此清楚領會蔡老師的心思。就國土規劃與保護的領域裡，這本書的美感與質感，以及實證論述的內容和張力，迄今並不多見，十分令人感佩，因此極力推薦國人，尤其是從事國土計畫、景觀規劃、生態保育、環境保護、環境教育和社區運動者，相信閱讀本書必能獲得極大的收穫。

數個世紀以來，濁水溪流域的變遷和破壞，已是明顯的實例，展望未來，「下一個世代我們需要什麼樣濁水溪風貌？」2021年10月，內政部和相關機關舉辦國際濕地大會，主題是「濕地方舟護里山」。我在這次大會中主持濕地科學家學會主席Dr. Marinus L. Otte的主題演講：「人類世（紀）濕地的復育與創造」（Wetland restoration and creation in the Anthropocene）。他指出自從核爆後，人類對於生態環境的破壞日益劇烈，隨著氣候變遷，自然「復育」將成為新世代主流之一，與現況「保存」一樣重要。

另一方面，歐洲議會於2024年2月通過，8月正式生效的《自然恢復法》（EU Nature Restoration Law），是歐盟「綠色新政」（Green Deal）下的重要法案之一。該法案規定，在

2030年歐盟各成員國須復原至少30%被指定為狀況不良的棲息地；2050年前復原90%，包括森林、草原、濕地、河川、湖泊和珊瑚床等。該法案還規定數項措施，以阻止包括森林濫墾、昆蟲授粉等情況惡化，並將在2030年前新植30億棵樹木、「讓2萬5千公里的河川恢復自由流動」等。

反觀我國《水利法》第三條：「本法所稱水利事業，謂用『人為方法』控馭，或利用地面水或地下水，以防洪、禦潮、灌溉、排水、洗鹹、保土、蓄水、放淤、給水、築港、便利水運及發展水力。」這種「人定勝天」的思維，不難想見「河川三面光，魚蝦死光光」的可能窘境。

我很欣賞也曾想過推動類似美國的一項立法，亦即《自然與景觀河流法》（1968 Wild and Scenic Rivers Act），它指定和保存河川蜿蜒曲折與自然風貌。1992–2020年間，美國佛州奇士米河（Kissimmee River）因「截彎取直」造成Everglades大沼澤區被爆量輸砂破壞後，政府斥資將河彎了回去，而這項做法呼應了傳統「道法自然」和伊恩・麥克哈格（Ian L. McHarg）教授於1969年出版《Design with Nature》的規劃觀。我心想，未來國家考試和政府施政，除了各類科工程師外，是否也需要規劃培育生態技師、景觀技師或相關領域的綠領人才？

無論政策或機制如何轉變，拜讀這本《流淌臺灣之心：濁水溪空拍誌》，我深感關鍵在於熱愛這片土地的一顆心，以及親河、愛河、護河的新倫理。很顯然地，過往我們對於河川缺乏溫暖，缺少天地萬物一心的情懷。寄望本書能讓更多國人閱讀，激發關愛與保護河川、生態、景觀、人文與國土的持續行動，讓河川進入生活而念茲在茲，形塑未來臺灣新的河川文明，猶如濁水溪和彰化濕地，源遠流長，世代共享！

推薦序 ④

遠望・俯瞰・珍視吾家園

環保生態達人、水患治理監督聯盟總召集人

林淑英

2010虎年伊始，「搶救臺灣媽祖魚——中華白海豚・反對興建國光石化廠」行動方興未艾之際，在芳苑海邊結識了這項環境行動倡議者蔡嘉陽老師，他當時擔任彰化環保聯盟理事長。記得當天還有公視《我們的島》、《紀錄觀點》等節目工作團隊。嘉陽老師架起長筒望遠鏡，教我們觀察泥灘上成群結隊的鳥群，並告訴我們：「那六隻白色、胸前有黃色羽毛的就是黑面琵鷺！」

幾年之後，前往臺中參加社區大學全國促進會舉辦的流域學校工作坊時，得知嘉陽老師在彰化二林社區大學開了一門課，帶著幾位學員空拍彰化西南角的地景，並於2020年8月集結成書，出版了一本圖文並茂的《鳥瞰蒼天眷顧之地：認識彰化西南角生態環境變遷》。

如今嘉陽老師師生又有新作，書寫完成《流淌臺灣之心：濁水溪空拍誌》，引領我們溯濁水溪而上源頭一探究竟。原來，濁水溪主流發源自中央山脈合歡山佐久間鞍部，支流陳有蘭溪源自玉山山脈，清水溪則源自阿里山山脈。而這條匯流遼闊水源的臺灣第一長河，為什麼在高鐵躍過河面的時候，所見大都是細流涓涓，河道中盡是淤積的沙塵？溪畔居民吃飯攪沙？書中從這裡帶出濁水溪開發利用議題，並加以解析。

結識嘉陽老師當年的母親節，我曾為文請女兒女婿和兒子媳婦參與「2010母親節用119元認一股土地信託送給蒼生」行列。這個有眾多國人參與的環境行動，於2011年世界地球日當天，馬英九總統宣布中止該廠興建，終於解除危機。

後來大約是我家孫女唸幼兒園中班開始，我們倆每星期有兩個晚上同榻而眠，於是「白海豚要出發旅行囉！」成了床邊故事的題材。

從苗栗竹南的龍鳳漁港出發，游過後龍溪出海口，有高大的風力發電機立在好望角；接著，游經臺灣氣候的隱形分界線──大安溪，來到臺中；過大肚溪來到彰化；再游過寬闊的濁水溪進入雲林；很快地，遇見北港溪口的鰲鼓濕地後，來到嘉義；接著一巴掌把我們打到臺南，曾文溪口到了……。有時我們祖孫倆嘗試著用客家話說出西部河川名字，臥遊臺灣海峽的動線，她總是樂此不疲。

嘉陽老師在這本《流淌臺灣之心：濁水溪空拍誌》中敘及，濁水溪山區河床上有西西靈鳥（Sisili）巨石，是太魯閣泰雅族和霧社賽德克族共同的神話，有兩種不同的傳說版本。其中一個版本的主角是西雷克（Siliq）（繡眼畫眉），嘉陽老師透過空拍攝影，再加上簡單的線條描繪，居然讓巨石呈現出繡眼畫眉的型態，十分神奇。

近年，種樹取得碳匯（可想像成二氧化碳的倉庫）是很重要的議題，然而在擁有臺灣最廣闊潮間帶的彰化海岸種植紅樹林是錯誤的措施，嘉陽老師以日治時期的調查文獻，以及海岸地形地質，說明其中道理。

濁水溪流域分區的敘述，讓我們對於河水流經的各河段有具體認知，河口潮間帶沙子被海浪雕琢出千變萬化的景致，讓人深銘腦海。可惜此際，沙塵漫天的嚴峻挑戰，仍在持續當中。

總結來說，這是一本兼具科普教育、空拍技術法規工具書、地理歷史、美學藝術等範疇的作品。打開書卷，細細體會嘉陽老師師生們的用心，從遠望，從俯瞰，影像記錄家園的長情與大愛，欽佩之情，油然而生！

鳥瞰濁水，永續臺灣之心

二林社大校長發行序

彰化縣二林社區大學校長

這本書的誕生，不僅是一部空拍影像的集結，更是蔡嘉陽老師與二林社區大學師生們，多年來對臺灣土地深刻關懷與實踐行動的具體展現。

濁水溪，這條貫穿臺灣中部，流淌三百年歷史的母親河，孕育出臺灣最富饒的平原之一。如今透過本書，我們得以從高空俯瞰這條大河的全貌，理解她如何滋養這片土地，又如何在開發與氣候變遷雙重夾擊下，面臨生態與命運的轉變。

蔡嘉陽老師自 1990 年代便投身彰化海岸的水鳥與濕地生態研究，從北彰濱的填海造陸到整體海岸線變遷，三十年如一日地以數據與影像記錄著地方環境的變化。當無人機技術普及後，蔡老師更開創了臺灣社區大學首門空拍課程「鳥瞰彰化環境之美」，帶領學員以鳥的視角重新認識家鄉，並因此課程榮獲本縣「113 年度社區大學績優教師」表揚，實至名歸。

自 2023 年起，我有幸親身參與空拍學習，隨同嘉陽老師上山下海，溯溪探源，從濁水溪源頭到出海口一一記錄，深深感受到空拍不只是科技的展現，而是一種對土地的敬意與情感延伸。

在這門課程中，從早期對彰化西南海岸與潮間帶的記錄，到後來深入追溯濁水溪源頭，嘉陽老師帶領學員們踏遍全臺，走讀、空拍、採訪與記錄，於 2020 年出版《鳥瞰蒼天眷顧之地：認識彰化西南角生態環境變遷》一書，引導

大眾從生態角度學習正確的環境保護觀念，並增強環境保護的意識與行動力。

如今（2025年）嘉陽老師再度編寫出版《流淌臺灣之心：濁水溪空拍誌》，從中央山脈的發源地，到大城與麥寮出海口的詳實記錄，不僅系統性呈現濁水溪全流域地貌與變遷脈絡，也剖析了水利設施與過度開發對於環境造成的衝擊。空拍影像不再只是「美麗的風景」，而是成為直視真相的證據。

我們也深信環境教育必須向下扎根，因此我們與嘉陽老師深入西港國小開設「認識海岸生態環境」課程——透過空拍機的鳥瞰視角，孩子們第一次看見家鄉的海岸線、潮間帶與社區樣貌。學生們透過實地觀察與課堂討論，培養出對自然環境的敏感度與反思能力，正是環境教育最核心的價值。嘉陽老師常說：「環境議題應該從小扎根，孩子長大後才有能力判斷是非與做出選擇。」

彰化二林社大做為濁水溪流域下游的社區大學，我們深知這條河流與地方的共生關係。常聽到嘉陽老師說：「只要有人願意聽，我就願意說。」這句話不僅道出他對教育的熱情，也說明我們社區大學在偏鄉持續耕耘的初心。即使環境與氣候變遷等議題在地推動不易，我們仍然年年推動環境走讀與公共課程，讓「行動」實際成為教育的一部分。

這本《流淌臺灣之心：濁水溪空拍誌》所記錄的，不只是河川的流動，更是公民對土地的責任感。讓我們一同翻開書頁，從空中的視角重新認識我們的土地，凝視那條默默流淌的臺灣之心。

自序

鳥瞰臺灣母親之河──濁水溪

濁水溪，臺灣最長的一條河川，雖然也只有短短的 187 公里，但是濁水溪環境的變遷與開發史卻與臺灣近代命運緊緊的結合在一起。

我的父祖輩來自南投集集，而我的母親家族世居彰化竹塘，集集位於濁水溪的中游沖積河谷，而竹塘則是下游沖積平原。我的祖母又有布農族原住民血統，布農族也是濁水溪上游流域陳有蘭溪一帶的部落。我三十年的生態研究圍繞著中臺灣彰化海岸泥灘地，這又是拜濁水溪挾帶大量泥沙所形成的，因此我的血脈裡流著與濁水溪分不開的關係和情感，從上、中、下游，一直到出海口。

2014 年我第一次擁有空拍機時，那時候第一代消費級空拍機才剛上市，我很快就到集集攔河堰來拍攝。集集攔河堰絕對是集集人的噩夢，小時候逢年過節或是假日回到集集老家，經過集集綠色隧道再穿過山洞之後，映入眼簾的是一條美麗優雅的長河，流淌在集集大山山脈之間。那種小時候烙印在心中美好的記憶，在長大之後，隨著集集攔河堰的完工啟用，整個濁水溪的原貌消失了，取而代之的是河岸邊多處砂石場，砂石車在車道、河道來回奔馳，運送那綿綿無絕期的河砂。空氣中瀰漫著細塵，地面上厚厚的積沙，整個集集似乎失去了那純淨的臉龐。所以空拍機一上手，我立刻去拍下這個扼殺濁水溪的罪魁禍首，十多年來不知道在這裡空拍了多少回，記錄枯水期濁水溪奄奄一息的慘狀，也記錄了在颱風大雨後集集攔河堰洩洪的壯觀景象。

整條濁水溪從源頭到出海口，我一直默默的空拍記錄這些環境的變遷。一直到我在二林社區大學開設「鳥瞰彰化環境之美」的課程，我開始帶著學員一起記錄整理濁水溪流域環境的空拍照片。學員們透過空拍機的拍攝記錄，親眼見到這條臺灣母親河如何在人類本位主義的思維下，三百年來對濁水溪開發利用所造成的利與弊。所以，這本書集結了最近三年多來我們的學員跟著我一起上山下海，所見所拍的濁水溪空拍寫真。我希望不只是二林社大的學員看到濁水溪的變遷，也希望透過我們的觀察和分析，看見臺灣長河的美麗與哀愁，喚醒更多人對臺灣生態環境的正確認知。

　　從大學研究所開始，我就一直夢想有一台野外生態研究工作車，在車上放置鳥類繫放網具和工具、體脂肪電導度計、無線電與衛星追蹤設備等，只要在車上進行野外資料收集，完全不需要回到辦公室，即可在大自然間分析數據資料、撰寫期刊論文，直接在野外上傳學術期刊投稿。很可惜我的夢想並沒有實現，我沒有這樣一台全能研究生態的工具車，但是我一直謹記著我生態啟蒙陳玉峯老師的話，「只要是好天氣，應該是在野外工作，而不是待在室內辦公室。」所以只要天氣好，沒有教學上課的日子，我都在海邊山林的野外，不然就是在上山下海的路上。也是因為這樣，讓我養成了在大自然寫作的習慣，在生態環境的現場書寫研究調查和環境議題分析的文章。

　　這本書就是在這樣情境下完成的，書中每一段濁水溪從源頭到出海口的內容，都是我在該地現場書寫完成。我最喜歡在昆陽、武嶺上面寫作濁水溪源頭的故事，山上天氣涼爽舒適，平日人煙稀少，可以靜靜地享用一個人的濁水溪。寫著寫著還能順便練練新的空拍手法，用更好的運鏡來拍攝濁水溪，我的濁水溪源頭希區考克變焦手法就是在昆陽這裡練成的。

　　而我最哀傷的寫作地點就是集集攔河堰觀景台，看著被蹂躪的濁水溪，早已不復幼年記憶中的美好風貌，壩體上游嚴重淤積，下游嚴重侵蝕，岩盤裸露；還有工程車不時剷平濁水溪峽谷的巨石，不斷的在河床扔拋消波塊，以及進行各種河岸保護工程。一車一車往外運送

的砂石車，今年挖掉的隔年再來堆滿一次，我深深覺得我們生於斯長於斯，真的很對不起這條臺灣母親之河，不覺愴然淚下。

在每次寫作閉目休息時，濁水溪過去影像好像縮時相片般一一閃過，我好希望前總統李登輝在集集攔河堰視察那個時間，我能夠出現在現場，力勸李前總統停止集集攔河堰的開發。我也多麼希望在當年重要的興建決策會議上，我能在場力挽狂瀾；在大壩施工前夕，我能隻身力擋施工機具。可惜這些情境都沒有發生，集集攔河堰就在我面前運作20個年頭了！所以很希望這本我在濁水溪流域環境中所寫下的書，透過空中視角與我們對濁水溪環境議題的解析，能夠讓各位對濁水溪有全新的認識，檢討我們曾經所犯的錯誤，期待在日後有機會修復過去對濁水溪錯誤的開發政策，拆除集集攔河堰，還給濁水溪原有的風貌和功能。

最後非常感謝二林社區大學謝日恆校長，在七年前無條件支持我們空拍班的開設，成為全臺灣社區大學中最早開設空拍班的學校。從一開始只有3位學員的免費推廣課程，發展到目前每學期15至20人的收費修課人數。非常感謝空拍班班長楊振瑋（大師兄），從第一次開班到現在每個月幫忙處理課務、班費庶務和野外活動的拍照。感謝二林社大謝日恆校長也來選修這門課，每個月陪著我們上山下海。也謝謝學員許賜正、蘇名湖、鄭輝龍、盧金養、鐘奇豐、廖永森、洪振堯、莊讚復、謝易融、謝億如等人一路相挺，提供你們的空拍照片讓本書內容更加豐富。

在過去的七年間，大家一起有過摔機的哀傷、尋找掉落空拍機的痛苦，還有拍到美好大景的讚嘆、有探索鮮少人知的祕境體驗、有享用過臺灣各地美味的小吃，這些美好的點滴回憶，相信各位學員也會銘記在心。我常跟社大空拍班學員說，跟我學飛空拍機，不是只學空拍機的飛行技巧和拍攝手法，而是跟著我一起親身到大自然，用心、用眼睛、用空拍機來認識臺灣環境，了解臺灣的土地生命。

最後我想把這本書獻給這條臺灣母親河──濁水溪，和我對面的集集大山，以及生我養我育我在集集大山下的父祖輩們，在濁水溪畔

於集集大山下

竹塘的母輩們,感謝你們世代在臺灣辛苦的深耕生根,讓我今天能順利出版這本濁水溪流域的空拍書。願此書能喚起更多人對守護臺灣土地環境的共鳴與行動力量,也願我們以後不會再犯錯,感謝臺灣,天佑臺灣!

蔡嘉陽

於集集攔河堰觀景台 2025.4.18

目次

推薦序①	代序《流淌臺灣之心》	陳玉峯	5
推薦序②	我的濁水溪盟友	張素玢	10
推薦序③	尋回暖心,重塑河川新文明	邱文彥	12
推薦序④	遠望・俯瞰・珍視吾家園	林淑英	15
二林社大校長發行序	鳥瞰濁水,永續臺灣之心	謝日恆	17
自序	鳥瞰臺灣母親之河 —— 濁水溪	蔡嘉陽	19
本書導讀	從空拍寫真到議題解析 26		
河川總論	河流地貌與沿岸生態系統 32		

|上篇| 濁水溪流域空拍誌

第 1 章 濁水溪流域概論 40

1-1 濁水溪流域之臺灣之最、世界之冠 41

1. 發源於臺灣三大山脈,流經四大山脈 41
2. 臺灣最長河川:187 公里 43
3. 臺灣最大半人工淡水湖泊:日月潭 43
4. 臺灣規模最大攔河堰:集集攔河堰 44
5. 臺灣最大輸砂量河川:比黃河濁度更高 45
6. 全臺灣最窄的支流匯流口:栗栖溪一線天 45
7. 全臺灣最華麗的支流匯入點:萬大溪 47
8. 臺灣最大沖積平原:濁水溪沖積平原 47
9. 臺灣最大河口濕地:濁水溪口濕地 48
10. 臺灣(世界)最高樟樹:樟神木 49 公尺 50
11. 臺灣海拔最高瀑布:能高瀑布海拔 3,000 公尺 51
12. 臺灣單一落差最高瀑布:蛟龍瀑布 650 公尺 52
13. 臺灣第一座鐵橋:濁水溪鐵橋 52
14. 臺灣最高公路武嶺:佐久間鞍部濁水溪源頭 54
15. 臺灣最大石化工業園區:麥寮六輕 55

目次

   16 全臺稻米蔬菜產量第一名：彰化雲林濁水溪沖積平原　*57*
   17 全臺灣大杓鷸數量第一：濁水溪口濕地 500 隻　*58*
   18 全臺灣裝置容量最大的水力發電廠：明潭發電廠　*59*
   19 臺灣第一座抽蓄式水力發電廠：大觀電廠　*60*
   20 全日本最大木質鳥居來自濁水溪丹大山的扁柏：明治神宮鳥居　*62*
   21 臺灣首創八角池分流設計：雲林林內分水工　*64*
   22 臺灣最大石敢當：雲林西螺泰山石敢當　*64*

　1-2　濁水溪的命名和流域地圖繪製　*66*
　1-3　濁水溪流域分區　*79*
　1-4　會飛行的照相機　*94*
　1-5　遵守空拍法規　*108*
　1-6　空拍前製作飛行計畫　*110*

第 2 章　濁水溪源頭　*112*

　2-1　中央山脈濁水溪主流發源　*112*
　2-2　玉山山脈陳有蘭溪發源　*118*
　2-3　阿里山山脈清水溪發源　*121*

第 3 章　濁水溪流域山區　*124*

　3-1　濁水溪主流山區　*124*
　3-2　陳有蘭溪山區　*140*
　3-3　清水溪山區　*142*

第 4 章　濁水溪流域沖積河谷　*148*

　4-1　濁水溪主流沖積河谷　*148*
　4-2　陳有蘭溪沖積河谷　*175*
　4-3　清水溪沖積河谷　*180*

第 5 章　濁水溪沖積平原——二水以下到大城、麥寮　　186

- 5-1　二水（濁水溪和清水溪匯合）　187
- 5-2　八堡圳　192
- 5-3　濁水溪沖積平原：舊濁水溪、舊虎尾溪　196
- 5-4　溪州、竹塘、大城、西螺、崙背和麥寮　202

第 6 章　濁水溪出海口　　208

- 6-1　彰化端臺西村、雲林端橋頭村　208
- 6-2　濁水溪口濕地　213
- 6-3　外傘頂洲　218

|下篇| 濁水溪開發利用議題解析

第 7 章　濁水溪的開發利用　　222

- 7-1　清領時期（1683–1895）：彰化平原的農業灌溉　223
- 7-2　日治時期（1895–1945）：水力發電與雲林平原農業灌溉　224
- 7-3　民國時期（1945–至今）：以服務工業為核心的集集攔河堰　232

第 8 章　濁水溪有事，就是全臺灣有事　　242

- 8-1　濁水溪下游揚塵沙塵暴的表象、事實與真相　243
- 8-2　搶灘：守護濁水溪口濕地的環境公民運動　254
- 8-3　彰化海岸濕地種植紅樹林的對與錯　261

結　語　下一個世代我們需要什麼樣濁水溪風貌　　277

參考文獻　280
附錄（侯錦郎家族捐贈信函）　283

本書導讀

從空拍寫真到議題解析

臺灣第一長河濁水溪，一條我們很熟悉又似乎很遙遠的河流，雖然從源頭到出海口交通都非常方便且容易到達，似乎是非常親民的一條河川，但其中有很多隱密的河段，隱藏許多不為人知的秘密。歷史上每次這條河川的變化都影響臺灣數十年、甚至數百年社會環境的變遷，而牽動每個臺灣人的命運。

從 2016 年起，我在彰化二林社區大學開課，課程雖然名為「鳥瞰彰化環境之美」，但其實我們這七年多從空拍彰化海岸開始，幾乎單日往返跑遍臺灣西部各地，只差沒有去東臺灣而已。我們往南到高雄茂林山區，往北到深澳象鼻岩，包括三貂角（臺灣極東點）、七股國聖燈塔（臺灣極西點）和離島小琉球，也都有我們的足跡。最近這三年多來，我帶著學員利用空拍機記錄濁水溪生態環境的變化，透過空拍機的視角讓學員親眼看到濁水溪流域很多美麗動人的畫面，也看到許多濁水溪開發造成的負面影響。我希望這些故事和議題不僅僅是我們課程的同學發掘看見，因此才有這本書的出版計畫，想要將這些年在濁水溪上山下海踏查空拍的成果跟更多人分享。近年來無人機在俄烏戰爭和各種恐怖攻擊中被汙名化，讓大家以為無人機就是殺人武器和戰爭工具，所以本書都以「空拍機」來代替無人機這個名詞。

本書架構分為上、下兩篇，上篇主要用空拍機拍攝濁水溪各河段的美景，屬於濁水溪的空拍寫真集；下篇則是針對濁水溪各種開發計畫進行的議題解析。

第1章先讓濁水溪享有22個「臺灣第一」的輝煌紀錄華麗登場（§1-1），讓大家知道原來濁水溪對臺灣和世界而言有多麼重要，其地位無可取代。再來蒐集臺灣的古地圖，解析濁水溪在古地圖出現的樣貌與命名（§1-2），並從河川地形學的角度將濁水溪的結構分成發源地（第2章）、山區（第3章）、沖積河谷（第4章）、沖積平原（第5章）到出海口（第6章）之各段環境特性（§1-3）。

　　空拍機對我而言就是一台會飛行的照相機（§1-4），介紹我使用空拍機的過程，空拍機的基本操作方法，以及拍好空拍照片的原則與注意事項。特別強調空拍法規的限制（§1-5），很多人買了空拍機卻不知道要遵守相關的法律規定，觸犯空拍法規的罰款相當高昂，甚至比酒駕還貴，輕則1至6萬元，重則可罰款達150萬，同時還要沒入空拍機，這樣的罰則的確是太重，太不合理，也不符合比例原則。不合理不切實際的法規就像戒嚴一樣，所以寄望更多人能夠遵守空拍機相關的飛行規定和限制，並且適度修改空拍法規，以期更符合實際飛行狀況。知法就不會犯法，知法也能夠保護自己和其他人的飛航安全。空拍是一種專業技術，對我而言是科學研究的工具，並不是遊樂飛行的遙控飛機，因此每次在進行空拍活動前，我都會先擬定空拍飛行計畫（§1-6），讓空拍過程可以有秩序、有效率的完成。了解空拍區域的限制（可以飛行的綠區和不能起飛的紅區）、天氣與風速條件，以及國家公園範圍內需要申請空拍許可等注意事項，避免使用空拍機而觸犯法規。

　　接下來第2章是空拍濁水溪流域與各主流的源頭。濁水溪的主流發源自中央山脈的佐久間鞍部和合歡東峰（§2-1）；陳有蘭溪發源自玉山山脈的金門峒斷崖（§2-2）；清水溪發源自阿里山山脈的大塔山（§2-3）。第3章空拍濁水溪流域的山區環境。濁水溪主流從佐久間鞍部往下經奇萊山脈到廬山（§3-1）；陳有蘭溪從清八通關古道到東埔、同富（§3-2）；清水溪則從大塔山到豐山村（§3-3）。第4章是空拍濁水溪流域的沖積河谷。濁水溪主流的沖積河谷從霧社開始，一直到水里與陳有蘭溪匯流處（§4-

1），沿途有多個濁水溪絕美的景觀；陳有蘭溪的沖積河谷從和社溪的神木村到信義鄉的郡坑溪（§4-2），有多處崩塌與嚴重的河道土石流；清水溪沖積河谷則從豐山村以下的瑞峰到桶頭、斗六丘陵的觸口與濁水溪主流匯流（§4-3），清水溪在此併入濁水溪主流河道。

第5章則是空拍濁水溪的沖積平原。濁水溪經過各條支流匯合，從二水開始，穿越八卦台地與斗六丘陵（§5-1），一直到濁水溪出海處的彰化大城與麥寮（§5-4），展開濁水溪往南、往北流動的沖積平原河道（§5-3），以及彰化三百年前最重要的農業灌溉水圳八堡圳（§5-2）。第6章來到濁水溪的出海口區域，所謂的出海口就是河海交界的感潮地帶，這裡是半淡鹹水交會區，各種河海的營養物質與能量交互作用在此進行，是地球上前三大生產力最高的生態系統，也就是河口生態系（§6-1）。河口生態系向外延伸就是潮間帶濕地，濁水溪的沙和水堆積在北岸而形成臺灣最大一片濁水溪口濕地（§6-2），濁水溪沙往南延伸可到外傘頂洲（§6-3），這是濁水溪流域環境最後一段美麗的結束。

上篇到此就是濁水溪流域的空拍寫真集，總共記錄了濁水溪流域42個景點。主要可分為四大類型：（一）濁水溪流域沿岸特殊地景、地形地貌，例如濁水溪源頭、新鄉大崩壁、雙龍灣、能高瀑布等。（二）河道地形支流、主流交會處，例如陳有蘭溪匯入濁水溪的龍神橋、清水溪匯入濁水溪的二水等。（三）濁水溪流域水利、水力發電、水資源灌溉開發利用計畫，例如萬大水庫、湖山水庫、集集攔河堰和大觀水力發電廠等。（四）濁水溪流域環境之農林漁牧開發，例如清境農場、西螺網室蔬菜和彰化農田景觀等。每個環境點會介紹其地理特性、環境變遷，也會加入空拍手法介紹、空域飛行路線和空拍注意事項，以方便讀者日後自行前往空拍參考。

下篇是針對濁水溪的開發計畫進行議題解析，著重在議題的論述和價值判斷。第7章是濁水溪開發利用的三個階段，第一階段是濁水溪灌溉功能，從清領時期的八堡圳（§7-1-1）、莿仔埤圳（§7-1-2），到日治時期的濁幹線、斗六大圳

（§7-2-2）的開發歷史。第二階段是濁水溪的水力發電功能，從日治時期第一個武界壩的日月潭共同引水計畫（§7-2-1），到第二個萬大水庫計畫（§7-3-1）。接下來到民國時期濁水溪開始以工業服務功能進行開發，從六輕開發的決策到集集攔河堰的興建（§7-3-2），以及為了解決雲林平原的用水與地層下陷而進行的湖山水庫計畫（§7-3-3）。

第8章以〈濁水溪有事，就是全臺灣有事〉為題，就濁水溪過去重大開發案的結果對臺灣環境生態的衝擊，以及國家整體發展的影響進行詳細解析。濁水溪，臺灣唯一一條發源自三大山脈（中央、玉山和阿里山山脈）的河川，流域面積涵蓋四大山脈，流淌過臺灣最核心的地理中心，為匯集山龍水脈、天地精華的臺灣第一長河，所以只要濁水溪有事，全臺灣也會跟著有事。濁水溪第一件大事就是1719年八堡圳灌溉系統的完工，使濁水溪沖積平原成為臺灣重要的糧倉。第二件大事是1934年日月潭引水計畫完工運轉，開啟了臺灣最大的水力發電系統，提供臺灣進入工業化與民生的基礎電力需求。第三件大事是2001年集集攔河堰的完工啟用，為了全臺灣最大的六輕石化工業而截斷濁水溪水流，造就人為完全掌控濁水溪水資源的年代，從此濁水溪奄奄一息，病態百出。濁水溪三百年來的開發利用和環境變遷，完全展現臺灣國運的興盛與衰亡，每一次濁水溪發生大事的拐點，都比「濁水溪變清，臺灣要出大事」更加神準啊！

李登輝前總統為了留下王永慶在臺灣的投資，選擇了濁水溪南岸的麥寮海岸填海造陸讓六輕建廠，並且拍板定案興建集集攔河堰。集集攔河堰截斷了濁水溪自然水流環境，改變了濁水溪的水文和淤砂特性，導致水資源調配失當、河砂淤積及下游河床大面積裸露，造成濁水溪下游更嚴重的沙塵暴現象（§8-1）。這些影響了濁水溪沖積平原的糧食生產，而沙塵暴也對當地居民生活作息和健康帶來極大威脅。為了解決河川揚塵問題，水利署每年都編列數億經費進行各種整治措施，例如跳島式防塵網、綠覆蓋（河岸灘地植栽）、水覆蓋（引水堤岸）、黑網覆蓋及稻草梗覆蓋等等。這些措施短期看起來似乎有些成效，但

是每每經過一場颱風或豪大雨的洪水沖刷，所有的整治工法便付諸流水。十數億的治水經費就這樣虛擲了，這些全都是人民的納稅錢，然後繼續宣傳整治沙塵暴的成效，這是我們想要的大有為政府嗎？

想要有效根治濁水溪揚塵的問題，需要從源頭來解決啊！「束水攻砂」是明朝隆慶、萬曆年間一位治水專家潘季馴所提出來整治黃河淤積的工法，也就是束縮河道讓水流快速通過，不但可以帶走既有的淤砂，也不會因為水流變慢而加速淤積，此方法成為之後數百年整治黃河的最佳方案。水利署也想採用束水攻砂來處理濁水溪淤積和揚塵的問題，很可惜用的方法和策略都錯了，可預見未來又是另一個治水的錢坑。你的束水攻砂，不是我的束水攻砂，要恢復濁水溪的自然生態風貌和河川功能，請拆除集集攔河堰吧（§8-1-4）！

由於麥寮的台塑六輕在石化上中下游產業的整合，具有高效率與成本優勢，因此成為臺灣最大的石化王國。石化原料是工業的基礎，政府很擔心石化原料被一家民營企業掌控，於是行政院在2006年提出以國營企業臺灣中油為主的國光石化八輕國家重大開發計畫來對抗台塑六輕，也就是所謂的「雙石化系統」。當初規劃國光石化開發位址是在麥寮六輕南側的臺西鄉，但因六輕多年營運之後造成的健康風險罹癌比例增加、農產品汙染和養殖漁產死亡個案增加，已經讓當地居民很反彈，政府竟然還要再新增規模比六輕還大的國光石化，當然引發臺西村民非常強烈的抗議。而濁水溪挾帶大量泥沙在出海口北岸大城、芳苑堆積而成的濁水溪口濕地，在2008年政黨輪替之後自然成為國光石化在雲林臺西的替代方案，在這一章節跟大家分析我們如何運用策略成功阻擋了國光石化的開發，守護下這片全臺灣最大的河口濕地（§8-2）。

現在更因為2050淨零排碳減碳的目標，再度研擬推出在濁水溪流域和出海口進行紅樹林種植的藍碳計畫，所以這裡也用了一些篇幅，根據我多年來在中部海岸生態系研究的結果，來解析在彰化雲林地區種植紅樹林的對與錯（§8-3）。

最後以〈結語〉檢討我們過去對待濁水溪的態度，以及下一個世

代我們要如何修正這些錯誤，來搶救我們的母親之河濁水溪，以期有一天能夠恢復濁水溪昔日美好的自然風貌。

　　本書除了以空拍照片呈現濁水溪流域的環境，也會以影片方式來呈現。影片皆上傳到YouTube轉址為QR Code，大家在閱讀書籍的同時用手機掃描，即可連上影片頁面欣賞以空拍機拍攝的影片，希望提供讀者更多對濁水溪環境的視覺感受。最後，大家如果想要知道更多濁水溪的故事，除了閱讀張素玢老師的《濁水溪三百年》一書之外，我非常推薦由公共電視陳添寶導演所拍攝的《滾滾沙河》。這部生態環境紀錄片幾乎用上了所有可以運用的拍攝手法，縮時攝影、空拍畫面、遙控攝影等，陳添寶導演花費了三年的時間拍攝諸多濁水溪珍貴的畫面，一樣也是從源頭到出海口，每一段濁水溪發生的問題都完整呈現在這部紀錄片中。這部紀錄片也得到2015年國際斯洛伐克環境影展首獎，是一部不可多得的濁水溪環境議題紀錄，請大家在YouTube搜尋點閱欣賞。

河流地貌與沿岸生態系統

河川總論

　　河川系統自古以來就是重要的風水地理，與山脈的龍脈一樣，被稱為水龍脈。所謂風生水起，山為剛，水為柔，兩者互相依賴牽制，山形走勢、水勢變化形成風水學最重要的知識學問。自古就有《水經注》、《水龍經》等河川風水地理書籍，尤其《水經注》是中國古代最全面、最有系統的綜合性地理著作，由東晉時期的學者酈道元所撰寫。這部書主要記錄了中國的河川、湖泊、山川等地理特徵，以及相關的歷史和傳說。《水經注》不僅僅是一部地理書籍，還融合了大量的歷史、地理、文化和宗教元素，因此被認為是中國古代地理學的重要文獻之一，對研究中國古代的地理環境、交通運輸和文化交流有著重要的參考價值。

　　河川是地球上最重要的水體之一，它們不僅是生態系統的重要組成部分，還對人類社會和文化發展具有深遠影響。自古以來，河川提供了豐富的水源，極大促進了農業發展。定期氾濫的河水攜帶大量泥沙，使河岸地區的土地變得格外肥沃，適合農作物生長。以尼羅河為例，古埃及文明就依靠尼羅河的灌溉系統，實現了穩定的糧食供應，得以支持龐大的人口和繁榮的社會經濟。河川提供的水源是農業生產的重要保證，是人類文明發展的基石，許多早期文明的城市都是沿河而建，河川提供了穩定的水源和便利的交通，使得這些城市能夠繁榮發展，美索不達米亞的兩河流域文明、古中國的黃河和長江流域文明，以及印度河流域文明，都是典型的例子。

河流不僅方便了物資的流通，還促進了文化和思想的傳播，這種交通便利性加速了人類社會的發展進程，促進了經濟的繁榮和文化的交融。總之，河川做為地球上重要的水體，不僅在生態系統中扮演了重要角色，還對人類社會和文化發展具有深遠影響。通過理解不同類型河川的特徵和生態環境，我們可以更好地保護和利用這些寶貴的自然資源，以實現生態平衡。

— ● —

河川的流經過程可以分為發源地（源頭）、山區（上游）、沖積河谷（中游）和沖積平原（下游），以及最後河川的出海口（河口潮間帶）等五個主要河段。每個河段有其特有的地理條件和特性，以下是各個河段的詳細介紹：

一、發源地

一條河川的發源地通常位於高山或山脈地區最高海拔處，由於地質較為脆弱，植被比較稀少，因此多半形成Ｖ字型的崩塌地，從這裡匯聚降水和融雪，成為河流源頭的主要水源（圖1.1）。在發源地附近山區也會有其他多條較小的支流，繼續匯集山澗水和泉水匯入主流。

圖1.1｜河川的源頭多半是由Ｖ型的崩塌地而成，此為蘭陽溪上游的支流米摩登溪源頭

此處多地形陡峭，河谷狹窄且深，河床大多由岩石構成，河水流速較快，侵蝕力較強，水流湍急清澈，因此常形成峽谷和瀑布等地貌。

二、山區

河川的上游段依然保留了一些發源地的特性，但河床逐漸變寬，河谷變得較為開闊。水流依然比較迅速，侵蝕和搬運作用明顯，沖刷出較深的河床（圖 1.2）。上游山區河段的主要地貌特徵包括峽谷、急流和河階。

三、沖積河谷

中游段是河川流經較平緩的河谷環境，河床變得較寬，且河流蜿蜒曲折，水流速度逐漸減緩，因此這一河段沉積作用較為顯著，形成了河岸灘地（圖 1.3）。河流的中游段常是農業發達的地區，因為這裡堆積肥沃的河砂養分，非常適合種植作物。此外，中游段的河流也常是城市和文明的聚集地。

圖 1.2｜曾文溪上游河道之山區型態

圖 1.3｜大甲溪上游的沖積河谷

四、沖積平原

河川沖積平原是由河水攜帶的沉積物堆積而成。當河水在流經地形較平坦的區域時，流速減慢，攜帶的泥沙、礫石等沉積物逐漸沉積下來，形成沖積平原（圖 1.4）。這種地貌通常具有肥沃的土壤，適合農業活動。以下是河川沖積平原的幾個主要特點：

❶肥沃的土壤：由於河流經常攜帶營養豐富的沉積物，沖積平原的土壤通常非常肥沃，有利於農作物的生長。

❷平坦的地形：沖積平原通常地勢平坦，有助於農田的開墾和機械化操作。

❸易受洪水影響：由於靠近河流，沖積平原容易受到洪水影響，這既可以提供新的沉積物和養分，但也可能對人類居住和農業活動造成威脅。

❹豐富的水資源：沖積平原通常水資源豐富，河流、地下水均可為農業和生活提供便利。

圖 1.4 ｜大安溪之沖積平原

❺多樣的生態環境：這種環境為許多動植物提供了適合的生存條件，生態系統多樣化。

河川沖積平原是由河流作用所形成平坦且肥沃的地區，對人類社會有著重要的經濟和生態價值。

五、河口潮間帶

河川的下游段是接近海洋的部分，河床非常寬廣，水流速度進一步減緩。這一河段的沉積作用最為明顯，形成了大面積的沖積平原和河口三角洲，如中國的黃河三角洲和美國的密西西比河三角洲。下游地區通常有豐富的泥沙沉積，形成肥沃的土地，適合農業生產（圖1.5）。同時，河口地區常是貿易和交通的重要樞紐，許多港口城市位於此區，如中國的上海和埃及的亞歷山大。

— · —

河川從發源地到出海口的每個河段都有其獨特的地理條件和特性，這些特性共同影響了河流周邊地區的自然環境和人類活動。河川的發源地和上游段多以侵蝕和搬運作用為主，而中游和下游段則以沉積作用為主，這些過程共同塑造了河流的地貌和沿岸的生態系統。

圖 1.5 ｜ 大甲溪口河口潮間帶

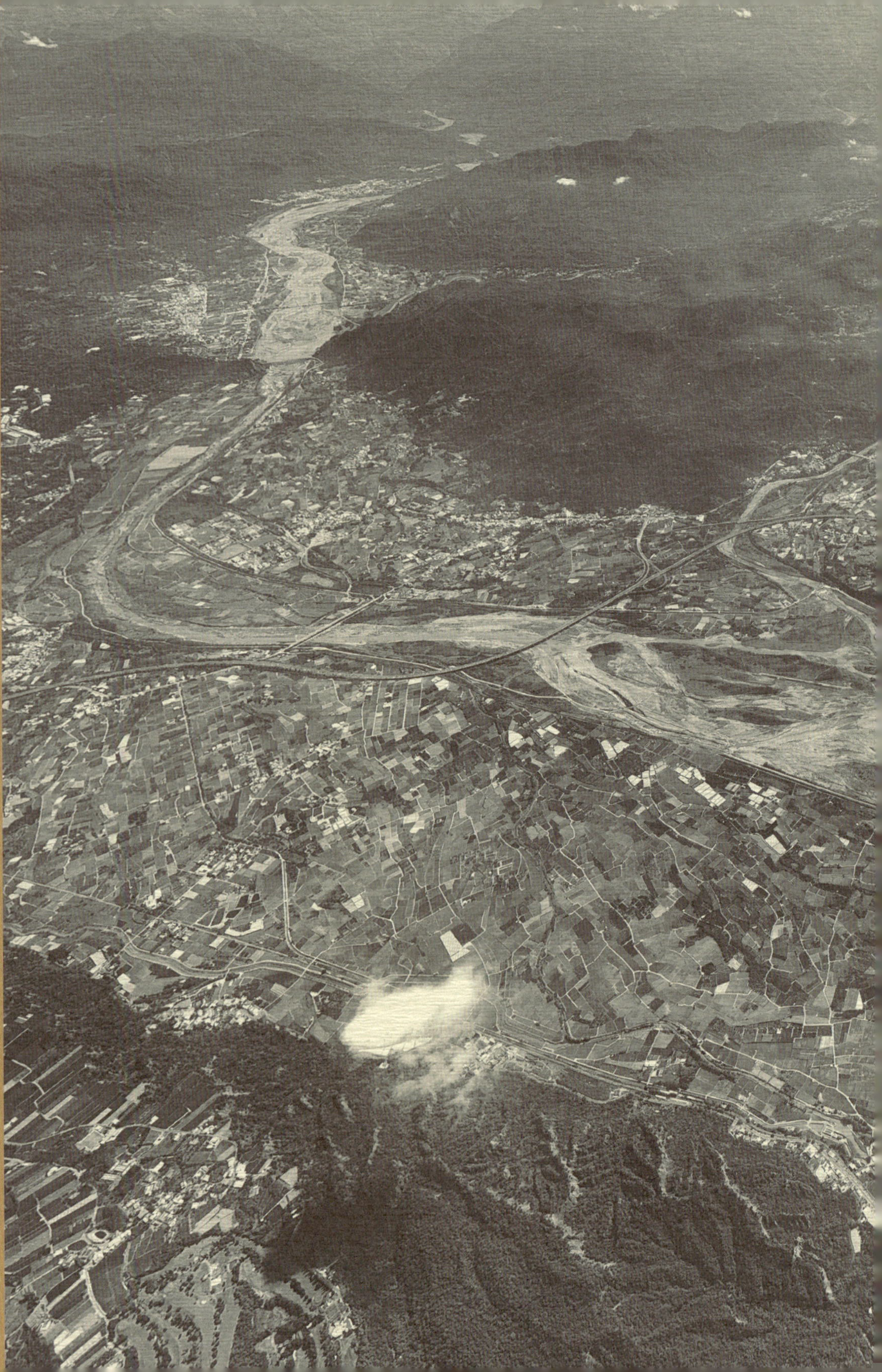

|上篇|
濁水溪流域空拍誌

第 1 章

濁水溪流域概論

濁水溪是臺灣第一長河，全長約 187 公里，整個流域範圍涵蓋中央山脈、玉山山脈和阿里山山脈。中央山脈北起宜蘭的烏石鼻，南至屏東恆春鎮的鵝鑾鼻；玉山山脈北起水里鄉濁水溪南岸，南至高雄旗山美濃區的旗尾山；阿里山山脈北起濁水溪南岸的鹿谷鄉秀峰村，南至高雄燕巢區的雞冠山。而雪山山脈北起新北貢寮區三貂角，終點在南投名間鄉濁水溪的北岸。

從圖 1.6 來看，濁水溪流域位處四大山脈的中心點，所以濁水溪一直代表著臺灣地理、氣候、生物地理的重要界線，甚至還有濁水溪河水如果變清澈，代表臺灣將有重大事件發生之說，可見濁水溪在臺灣地位的重要性。

以河川來書寫記錄歷史是記錄人類文化活動重要的素材（賴怡璇，2017），關於濁水溪人文歷史、地理的作品不少，其中最經典的著作就是由張素玢老師所撰寫的《濁水溪三百年》，以豐富的文史資料佐證和田野調查的內容，將濁水溪三百年來地理環境、人文歷史鉅細靡遺地呈現在這本書中，是了解濁水溪重要的一本歷史學術科普著作。

圖 1.6｜濁水溪與臺灣四大山脈的相關地理位置（圖取自維基共享資源；作者 Peellden，CC BY-SA 3.0，改作 adapted）

其他還有彰化農民詩人吳晟的《筆記濁水溪》、康原的《追蹤彰化平原》（章，2008），《筆記濁水溪》主要以文學手法記述對於濁水溪的水資源利用與彰化平原開發的過程和歷史。本書則利用空拍視角來檢視濁水溪，從上游發源地到下游出海口，每個河段的重要景觀和開發議題。希望能提供我們的觀察與分析，從不同角度思考檢驗這三百年來我們對這條臺灣第一長河做了哪些開發利用與變遷。

1-1 濁水溪流域之臺灣之最、世界之冠

臺灣有 151 條中央管理的主要河川，濁水溪坐擁 22 個臺灣第一和世界之冠，沒有一條河川像濁水溪這樣，一舉一動牽動著整個臺灣的命運。接下來我們就讓濁水溪流域在這 22 個「臺灣第一」的光環下華麗登場吧！

1. 發源於臺灣三大山脈，流經四大山脈

臺灣有五大山脈，唯一只有濁水溪一條河川發源於中央山脈、玉山山脈和阿里山山脈，流域範圍更包含了雪山山脈（圖 1.7）。第二長河高屏溪，也僅發源自玉山山脈。

圖 1.7 ｜站在雪山山脈末端，可以空拍到中央山脈最高峰秀姑巒山、玉山山脈最高峰玉山，以及阿里山山脈最高峰大塔山

雪山山脈　　中央山脈　　陳有蘭溪　　玉山山脈　　阿里山山脈

濁水溪

第三長河淡水河僅發源自雪山山脈。所以濁水溪流過了臺灣最重要的核心地帶，匯聚了四大山脈之大地精華（圖 1.8），是臺灣山龍水脈的風水寶地。

2. 臺灣最長河川：187 公里

濁水溪從發源地佐久間鞍部、合歡東峰海拔高度約 3,300 公尺到出海口，長度約 187 公里，是臺灣第一長河川（圖 1.9），流域面積排名第二。第二長河是高屏溪 171 公里，其上游源頭為荖濃溪，發源自玉山山脈海拔 3,420 公尺，流域面積是臺灣最大。第三長河淡水河長度 159 公里，上游源頭是大漢溪，發源自雪山山脈海拔 3,529 公尺的品田山。

3. 臺灣最大半人工淡水湖泊：日月潭

日月潭為匯聚盆地周圍的地下水而形成，是全臺灣最大的天然湖泊。在日治時期的日月潭引水計畫工程將濁水溪水導入日月潭後，使日月潭成為半人工的湖泊，湖水面積從 5.75 平方公里增加至 7.93 平方

圖 1.8 ｜ 流經四大山脈的濁水溪
圖 1.9 ｜ 臺灣第一長河濁水溪
圖 1.10 ｜ 日月潭雖然因日月潭引水計畫讓面積增加，以自然湖泊而言仍是臺灣面積最大的天然湖泊

公里。一直到 1973 年曾文水庫興建完成，面積達 17 平方公里，成為臺灣最大的人工湖泊水庫，但日月潭仍然是臺灣最大的天然湖泊。

4. 臺灣規模最大攔河堰：集集攔河堰

2001 年完工啟用的集集攔河堰位於濁水溪沖積河谷最窄處的林尾隘口，壩體長 352.5 公尺，截斷濁水溪河道，設置 18 道排洪閘門、4 道排砂閘門和一座魚道，是全臺最多閘門，也是國人自行設計、建造施工量體最大的攔河堰（圖 1.11）。集集攔河堰設計的有效蓄水量雖僅有 1,005 萬立方公尺，但是最大取水量可達每秒 160 立方公尺，預估每年最大取水量可達到 20 億立方公

圖 1.11 ｜ 全臺最大量體的集集攔河堰

圖 1.12 ｜每年輸砂量可達 2 萬公噸，排名世界第一

尺，遠遠高於曾文水庫 10.5 億立方公尺和石門水庫 8.15 億立方公尺，是臺灣年取水量最大的水庫。

然而濁水溪輸砂量大，使得集集攔河堰淤積速度相當快，從營運開始不到 10 年，蓄水量已經低於原先設計的一半，2012 年更下降到僅剩下三分之一的蓄水量，如今必須靠大量的清淤排砂工程來維持集集攔河堰的正常蓄水和取水。

5. 臺灣最大輸砂量河川：比黃河濁度更高

根據聯合國海洋環境保護科學領域聯合專家小組（GESAMP）於 1994 年所做的報告，發源於 3,000 公尺以上的高山，流域面積達 300 平方公里的溪流，年泥沙量排名世界第一的是濁水溪，高達 2 萬公噸。中國的黃河僅排名第十三，以後不要再說跳到黃河洗不清，要說跳到濁水溪才是真正洗不清。

6. 全臺灣最窄的支流匯流口：栗栖溪一線天

栗栖溪在匯入濁水溪的位置被兩座山脈尾端夾擊，形成著名的武界一線天景觀。根據正射影像拍攝後，計算最窄處大約只有 10 公尺，雖然沒有正式文獻的調查，但是這

1.13	
1.14	圖 1.13｜武界一線天是栗栖溪匯入濁水溪的最窄處
	1.15 圖 1.14｜萬大溪華麗的十八迴旋轉彎，在臺灣河川地貌也是非常罕見
	圖 1.15｜單一河川沖積成臺灣最大的濁水溪沖積平原

麼窄的支流匯流口（圖 1.13），應該在臺灣也是絕無僅有。

7. 全臺灣最華麗的支流匯入點：萬大溪

另一個極端就是萬大溪匯入濁水溪，萬大溪華麗的迴旋十八彎才匯入濁水溪（圖 1.14），這些轉彎帶來水流的沖刷力道，不僅萬大溪上游挾帶大量泥沙，進入濁水溪之前又有如此轉折，使萬大溪成為繼塔羅灣溪之後，第二個貢獻濁水溪泥沙的支流。

8. 臺灣最大沖積平原：濁水溪沖積平原

當濁水溪通過八卦台地和斗六丘陵之後，在日本人還沒建設濁水溪堤岸時（1920 年之前），每逢颱風天下豪大雨，可能就會造成濁水溪氾濫改道。往北可以到鹿港附近的舊濁水溪，往南則到虎尾一帶的舊虎尾溪，面積可達 2,000 平方公里。嘉南平原面積雖然高達 4,500 平方公里，卻是由北港溪以南的朴子溪、八掌溪、將軍溪、曾文溪等多條河川沖積而成。而濁水溪沖積

扇是臺灣單一一條河川所形成最大的沖積平原（圖 1.15）。

9. 臺灣最大河口濕地：濁水溪口濕地

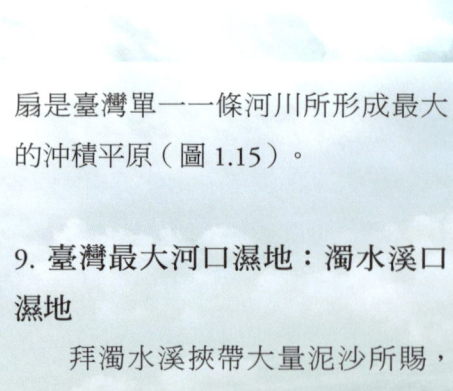

　　拜濁水溪挾帶大量泥沙所賜，在濁水溪出海口堆起大面積的泥灘。再加上臺灣的潮水從太平洋由臺灣南北漲到中臺灣，最高可到正 2.5 公尺，退潮往南北兩側退去，退到最低為負 2.5 公尺。濁水溪口濕地正因為平坦地形加上潮差最大，這兩個條件同時存在，形成臺灣最大的河口濕地。北臺灣從淡水河到南臺灣的高屏溪，都沒有像濁水溪口這樣的條件。從濁水溪口往北到芳苑二林溪口，面積高達 8,000 公頃，如果再加上濁水溪口南岸到麥寮六輕工業區，可達 14,000 多公頃。

圖 1.16 | 濁水溪口濕地是全臺灣僅存最大的河口泥灘濕地

圖 1.17 ｜ 世界認證全世界最高的樟樹 49 公尺

圖 1.18 ｜能高瀑布為臺灣海拔最高瀑布

10. 臺灣（世界）最高樟樹：樟神木 49 公尺

　　位於南投信義鄉神木村的樟樹公巨木，早在 1930 年日治時期由樟木調查局記錄在冊，並明令禁止砍伐。2019 年農業部林業試驗所樹木團隊經過仔細測量和比對世界樟樹的高度，正式宣告神木村這棵「樟樹公」高達 49 公尺，為全世界最高的樟樹，並正式登錄於世界神木網站上。

11. 臺灣海拔最高瀑布：能高瀑布 海拔 3,000 公尺

　　能高瀑布位於南投仁愛鄉，為塔羅灣溪上游，日治時期就已經登錄為日本國內第二高海拔的瀑布，所以能高瀑布即為臺灣海拔最高瀑布。除此之外，能高瀑布也可能是疊數最多的瀑布，可達 15–16 層。

12. 臺灣單一落差最高瀑布：蛟龍瀑布 650 公尺

蛟龍瀑布位於清水溪流域石鼓盤溪、蛟龍溪上游，是臺灣單一瀑布落差最大的瀑布，長達 650 公尺。冬天枯水期水量稀少，幾乎看不到瀑布水流；在春夏豐水期間，蛟龍瀑布水量大增，瀑布從高處落下氣勢磅礡。（圖 1.19）

13. 臺灣第一座鐵橋：濁水溪鐵橋

臺灣第一座鐵橋是 1907 年興建通車跨濁水溪的大鐵橋，也是當年最長的鐵路橋梁，是日本在臺灣貫通南北鐵道交通非常重要的建設。濁水溪鐵橋經過幾次颱風大水沖斷重修之後，臺鐵局於 1969 年起逐步替換興建第二代鐵橋，新增鐵路電氣化系統；後來 1990 年第三代新鐵橋完工，舊鐵橋拆除，僅留下目前的新鐵路橋。

濁水溪鐵橋遺構與第三代鐵路橋

圖 1.19 ｜ 蛟龍瀑布為臺灣單一落差最大的瀑布

（圖／臺灣總督府鐵道部《臺灣鐵道史》中卷）

圖 1.20 ｜ 第一代舊濁水溪大鐵橋與目前第三代新建的濁水溪鐵橋對照

圖 1.21 ｜ 目前留存在雲林端的大鐵橋遺構

14. 臺灣最高公路武嶺：佐久間鞍部濁水溪源頭

臺14甲線是埔里到霧社臺14線的支線路段，從霧社到大禹嶺，結合了部分合歡越嶺古道路段興建而成，道路經過合歡東峰與佐久間鞍部的武嶺，是臺灣公路系統開車可到達最高海拔位置3,275公尺（圖1.22）。

武嶺每每在下雪期間或是高山杜鵑盛開時，擠滿了大量賞雪賞花的遊客，也是很多年輕人或大學生騎機車夜衝上山欣賞日出的最佳景點。可是很多人都不知道，原來如此容易抵達的武嶺，旁邊的佐久間鞍部和合歡東峰，竟然是臺灣最長河川濁水溪的源頭啊！

圖 1.22 ｜臺灣公路海拔最高點武嶺 3,275 公尺

圖 1.23 ｜台塑六輕是全臺灣最大單一石化業上中下游整合的工業區

15. 臺灣最大石化工業園區：麥寮六輕

　　王永慶的台灣塑膠工業股份有限公司第六座輕油裂解廠原本想去中國廈門海滄投資設廠，但是當時李登輝總統希望王永慶能投資臺灣，根留臺灣，雖然最初選址是在宜蘭利澤工業區，但受到當時縣長陳定南堅決反對，最後落腳在濁水溪出海口南岸的雲林麥寮。從 1995 年開始填海造陸約 2,255 公頃，於 2002 年正式營運投產，許多各類工業所需石化原料產量甚至超越了高雄三輕、四輕和五輕的石化重鎮，成為整合石化業上中下游產業於一體的臺灣最大石化王國（圖 1.23）。

流淌臺灣之心：濁水溪空拍誌

16. 全臺稻米蔬菜產量第一名：彰化雲林濁水溪沖積平原

濁水溪沖積平原是臺灣單一河川所形成最大的沖積扇，由於含有豐富營養鹽、有機質和礦物質，非常適合農業發展，於是水稻和蔬菜的種植成為濁水溪沖積平原最美的風景。

根據農糧署的統計數據，2024 年彰化一期、二期水稻產量為 23.7 萬噸，雲林的水稻產量也達到 21.5 萬噸，兩縣加起來的稻米總產量幾乎占全國的一半左右。也就是說，國人每天所攝取的兩碗米飯，就有一碗來自濁水溪沖積平原。而雲林的蔬菜產量更是居全臺之冠，西螺果菜市場供給臺灣三分之二的供應量，在濁水溪畔的濁水溪高灘地上所栽培種植的溫室蔬菜（圖 1.24）功不可沒。

圖 1.24 ｜全臺灣最大的蔬菜產地，西螺網室蔬菜種植面積臺灣最大

圖 1.25｜彰化海岸的大杓鷸雖然從 3,000 隻銳減至 2025 年 500 多隻，仍然是臺灣大杓鷸族群最大量

17. 全臺灣大杓鷸數量第一：濁水溪口濕地 500 隻

因濁水溪大量泥沙沖積而成的濁水溪口濕地，有豐富的營養鹽和海陸交界的物質與能量交換，提供底棲生物需要的生存空間與食物，使濁水溪口濕地成了這些鷸鴴科候鳥度冬、遷徙飛行所需要的能量補給站。大杓鷸是鷸科中體型最大的一種，每年 11 月到臺灣度冬，翌年三月份離開臺灣，飛回西伯利亞、蒙古草原繁殖地。大杓鷸長而向下彎的嘴喙最適合在泥灘地覓食，捕食萬歲大眼蟹和海蟲等底棲生物。因此大杓鷸在溪口濕地有最佳棲地環境，成為全臺灣族群數量最大

的地點，在 1995 年左右曾經高達 3,000 多隻（圖 1.25）。後來因為彰濱工業區填海造陸，導致這些候鳥的覓食棲地消失。西濱公路與風力發電機組興建造成的棲地破碎，再加上人為干擾及遊蕩犬的擾動等因素，大杓鷸族群數量到 2024–25 渡冬期已經銳減至 500 隻。然而這 500 多隻的數量仍然是全臺灣第一，顯見彰化海岸濁水溪口泥灘地環境是大杓鷸最佳的棲地選擇。

18. 全臺灣裝置容量最大的水力發電廠：明潭發電廠

明潭抽蓄水力發電廠（或稱為大觀二廠）於 1987 年開工，一直到 1995 年正式啟用運轉，發電機裝置容量為 160.2 萬千瓦，每年發電量約 24 億度電，是目前臺灣最大的水力發電廠（圖 1.26）。明潭電廠是以日月潭為上池，明潭大壩蓄積的人工湖泊為下池，白天利用高度差由日月潭進水入山體內的發電機組

圖 1.26 ｜ 明潭水庫為臺灣發電量最大的抽蓄式水力發電廠

產生電力，夜間再利用剩餘電力將水回抽至上池，如此每日反覆操作，為抽蓄式水力發電的運作方式。

19. 臺灣第一座抽蓄式水力發電廠：大觀電廠

大觀電廠是臺灣第一座慣常式水力發電廠，於1934年啟用，從日月潭水經過三公里隧道，再流入五支銅管進入發電廠房，推動發電機組發電，總發電裝置達11萬千瓦。朝日新聞歷史收錄了一張由寫真部保存的寫真，係於1934年11月1日出版的一張日月潭發電所的明信片（圖1.27），也就是現在的大觀一廠，當時的發電容量為10萬千瓦（圖1.28、圖1.29）。

圖 1.27｜朝日新聞社在 1934 年發布的大觀電廠五根巨大入水管
圖 1.28｜日月潭的水引入五根長 592 公尺的壓力銅管，再進入廠房內推動五組發電機組，從日治時期 1934 年使用至今
圖 1.29｜大觀電廠全貌

上篇 • 濁水溪流域空拍誌 | 61

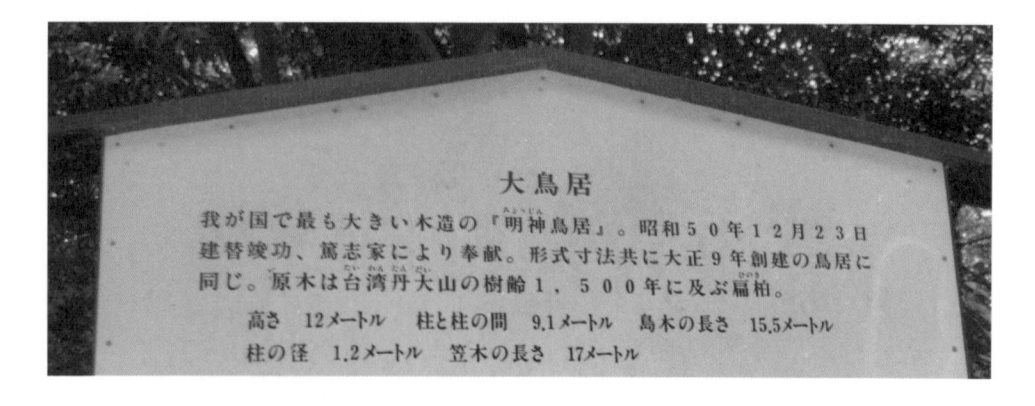

20. 全日本最大木質鳥居來自濁水溪丹大山的扁柏：明治神宮鳥居

明治天皇是推動明治維新帶領日本走向現代化的君主，因此深受日本人民的敬重。1912 年明治天皇過世之後，東京市長與地方仕紳為了紀念明治天皇的貢獻，在 1916 年於東京開始推動建設明治神宮計畫。明治神宮內有三座鳥居，為了彰顯明治天皇的曠世之功，神宮的鳥居當然要高大聳立引人注目，而臺灣巨大的檜木自然是最佳的材料，於是當年由臺灣總督府奉獻了樹齡超過 1,200 歲的阿里山檜木建造大鳥居。直到 1966 年一陣驚雷擊中大鳥居右側的柱子而損毀，為了修復大鳥居的柱子，在日本境內遍尋不著像阿里山檜木一樣巨大合適的樹木，於是只能再從臺灣尋找適合的巨木。最後在多方努力下，終於在信義鄉雙龍村附近的丹大山區找到了樹齡 1,500 歲的扁柏巨木（圖 1.30），於 1975 年落成了我們所看到的第二代臺灣產原木大鳥居（圖 1.31），是日本全國境內最大的木質結構鳥居，應該也是世界最大的木質鳥居。

當我於 2024 年 8 月到訪日本東京明治神宮，站在鳥居下面，親觸這兩支來自濁水溪流域丹大山區的巨大扁柏時，內心非常的震動，遠渡重洋到東京與源自於家鄉的 1,500 歲檜木相會，有一種觸電的莫名感動。

圖 1.30 ｜來自臺灣的巨大扁柏成為明治神宮之最大木質鳥居
圖 1.31 ｜在明治神宮與濁水溪流域丹大山的扁柏合影

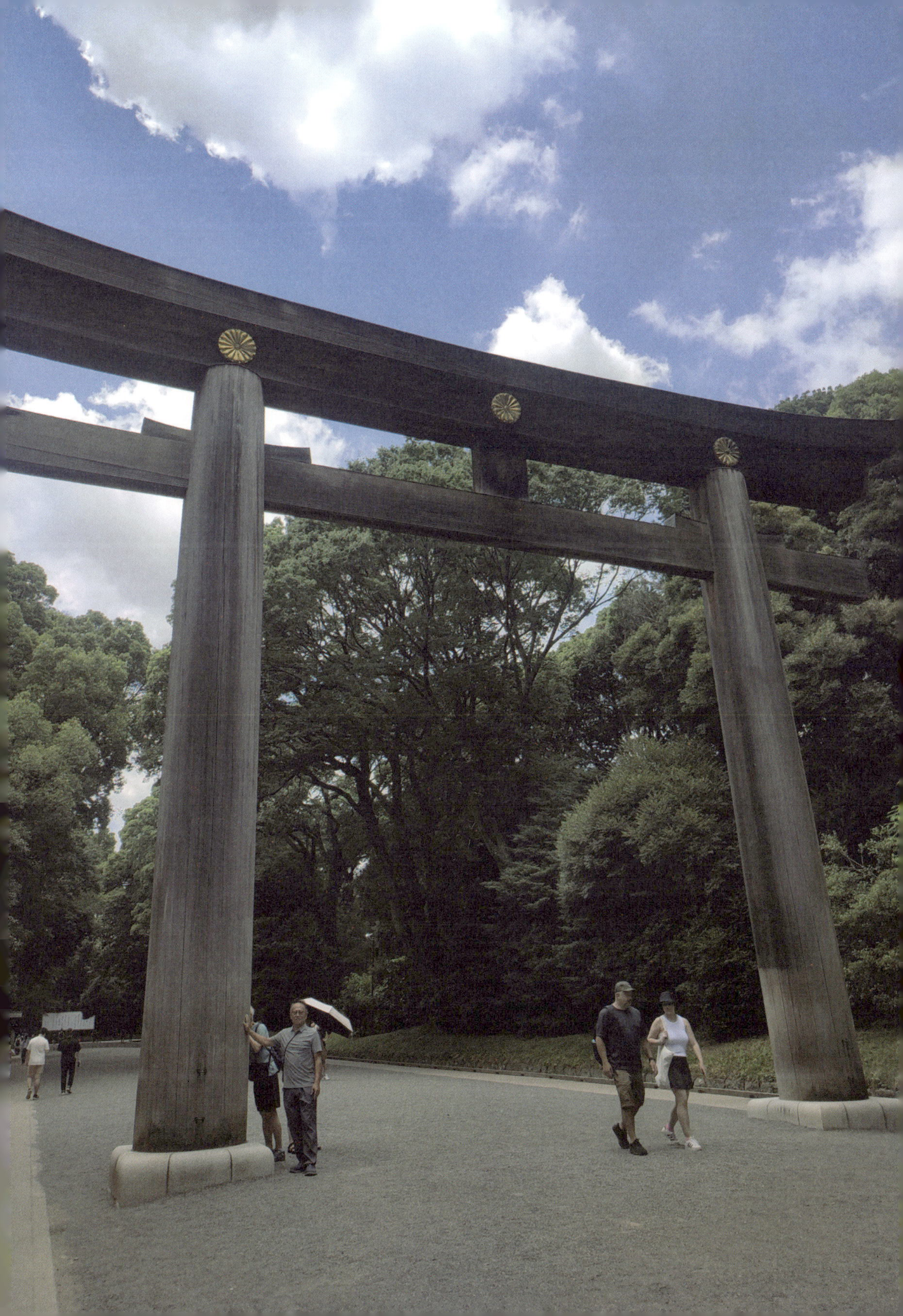

21. 臺灣首創八角池分流設計：雲林林內分水工

位於雲林縣的林內分水工（圖1.32）是臺灣首創的八角池分水工程，進水與出水渠道採用「二進五出」的設計，從濁水溪河道、集集攔河堰南岸聯絡道二處水道進水（二進），再由分水工分流五處至濁幹線、濁水發電廠、麻園支線、烏塗支線和六輕工業區等使用（五出）。分水工分流的水源彼此不會互相干擾，是非常先進的設計。

22. 臺灣最大石敢當：雲林西螺泰山石敢當

石敢當在風水地理學上有避邪制煞的作用，古時常會設置在道路口或溪流邊以守護地方平靜。臺灣最大的一座石敢當是位於雲林縣西螺的「泰山石敢當」（圖1.33），通常泰山石敢當會依照《魯班經》制定的尺寸大小來設計，但西螺的泰山石敢當卻比最大尺寸（高4尺8、寬1尺2）還更大一號，達到高5尺6、寬2尺4、厚度5寸，當時文

圖1.32 ｜ 八角池設計的林內分水工擔負雲林地區非常重要農業灌溉、工業用水的供水功能

史專家林衡道先生考據認為是臺灣最大的一座石敢當。據傳清道光七年豎立在濁水溪畔，用來反制濁水溪大水破堤淹水的狀況。此泰山石敢當「泰」字下面的水少一點，而石字上卻多一點，這種寫法寓意是讓濁水溪的水少一點，溪畔的石頭多一點，以阻擋水患之意。

圖 1.33｜西螺的泰山石敢當以泰字中的水少一點，石頭的石字上多一點，來阻擋濁水溪的大水，有防範淹水的用意

1-2 濁水溪的命名和流域地圖繪製

　　圖 1.34 為濁水溪流域範圍，面積大約 3,156 平方公里，是全臺灣第二大流域面積的河川。

　　關於濁水溪名稱的由來，網路上流傳是由日本人命名，這種說法太過簡略也不精確，我們應該透過古地圖和相關歷史文獻來找答案。於是我們試著從臺灣的歷史與古地圖中是如何記載與繪製出濁水溪地理位置，地圖上所標示的濁水溪叫什麼名字，以及文獻中有出現哪些濁水溪的相關記載，來找出濁水溪被人們命名的來源和脈絡。

1-2-1 舊、新石器時代

　　第一批到臺灣的史前人類是一萬年前舊石器時代位於臺東八仙洞的長濱文化，他們的活動範圍只在臺灣東部沿岸一帶，而後往東南亞等其他地方遷徙（何，2009），沒有

圖 1.34｜濁水溪流域圖（圖取自維基共享資源；作者 Shannon1，CC BY-SA 4.0，改作 adapted）

擴及到臺灣中部,所以一萬年前舊石器時代的人類應該不知道臺灣西岸有一條濁水溪的存在。

第二批最早抵達臺灣,在新石器時代約 6,000 年進入臺灣西岸生活的族群,是屬於南島語系的原住民族群,所以臺灣中部的布農族、鄒族和平埔族等原住民對濁水溪應該不陌生,濁水溪的名稱會在中部各個原住民部落之間口語相傳。濁水溪在原住民布農族的名稱為 Danum Qalav ang（海樹兒‧犮剌拉菲,2016）,Danum 為布農族語「水」的意思,Qalav ang 則查不出字面上的意義;鄒族語稱濁水溪為 Himeou ci Chumu（海樹兒‧犮剌拉菲,2019）,也無法在原住民辭語字典中查出字面涵義,這些應該是臺灣原住民對濁水溪最早的命名。

1-2-2 十六世紀大航海時期

在 16 世紀之前的臺灣古地圖,很多甚至連臺灣的形狀樣貌都不太精準,更何況要精準畫出濁水溪正確位置和流域分布。例如 1596 年由荷蘭人林斯豪頓（Jan Huygen van Linschoten）編輯出版的《東印度水路誌》書中有一幅〈中華領土及海岸線精確海圖〉（圖 1.35）,上面出現的臺灣居然是三島形式（陳宗仁,2008）,據分析可能是水手在海上航行時誤認為臺灣是被幾條大河切割開來的緣故,可見當時的地理知識連臺灣是一島形式都畫錯了,更遑論要畫出濁水溪的位置。

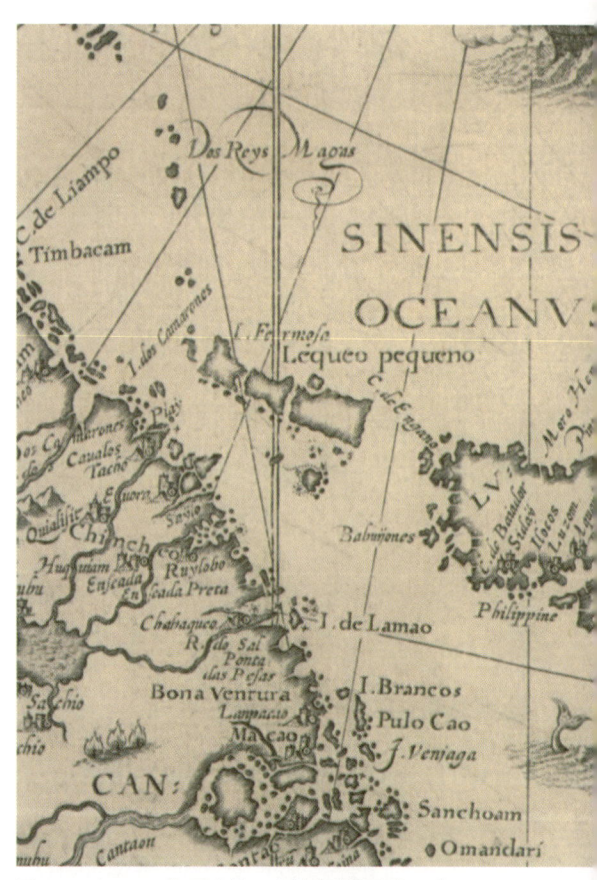

圖 1.35 ｜ 1596 年西方第一次繪出臺灣島為三島分開的形狀（圖／國立臺灣歷史博物館）

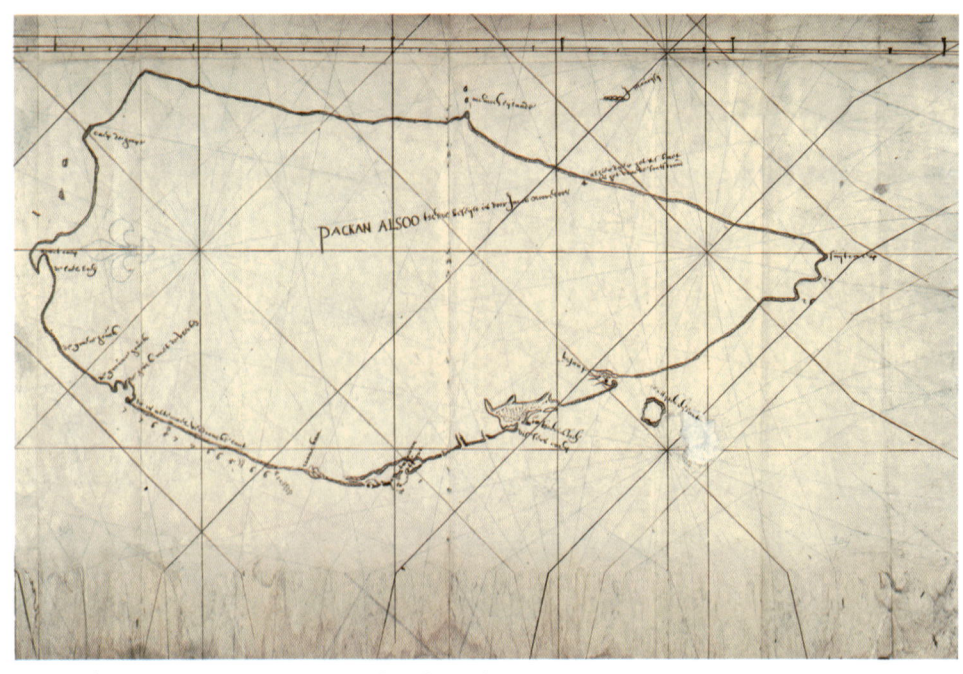

圖 1.36 ｜ J. Noordeloos 於 1625 年所繪製的臺灣單島古地圖（圖／維基共享資源）

在 1625 年由荷蘭高級船舵員 Jacob Noordeloos 花了 20 多天環繞臺灣所繪製的一幅北港圖（圖 1.36），是西方世界第一次在古地圖上呈現臺灣為單島最接近的形狀，且很明顯在西南海岸的地形出現潟湖和大員（Tayouan）的註記（賴志彰、魏，2010），並且於中部一處河口有某某???kan 的港名標註，雖然圖上沒有畫出濁水溪流域的水系，但此處的相對位置很可能是濁水溪口的港口。

而臺灣古地圖中最精準也是第一次將濁水溪畫入地圖，是由荷蘭地圖製圖師 J. Vingboons 在 1636 年所繪製（圖 1.37）。當時荷蘭人成立東印度公司，開始在中國東南沿海尋找適合發展貿易的據點，臺灣正好位於東南亞航線的要衝，自然成為荷蘭人覬覦的占領對象。但也因為荷蘭人統治的 38 年期間多次進行臺灣環島與海上航道的測繪，才有之後精確的地形地貌之臺灣古地圖問世。這張地圖後續有多種著色版本，例如 1724 年出版的版本是由 J. van Braam 和 G. Onder de Linden 持續沿用 1636 年地圖訊息所繪製。所以從三島式的臺灣到單島式的臺

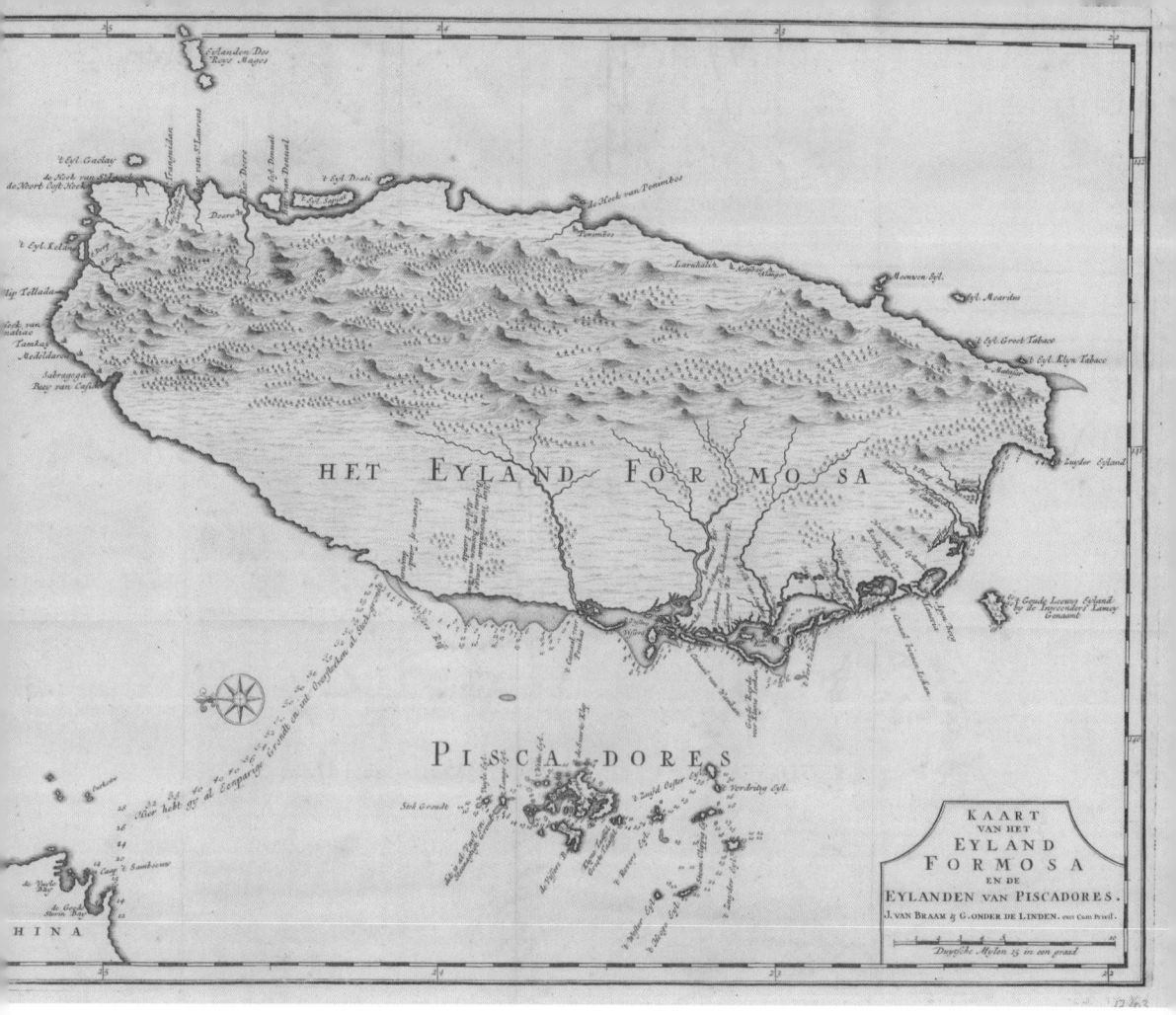

圖 1.37 ｜ 1636年J. Vingboons所繪製當代最精準的臺灣地圖（圖／荷蘭國家檔案館）

灣，繼而對臺灣的海岸、山脈和河川地形地貌精準描繪，荷蘭人確實是有極大的貢獻。

從J. Vingboons繪製的臺灣古地圖在濁水溪的出海口寫上了Canaal voor Ponikas，中國研究海洋海岸變遷歷史的學者周運中（2015）認為此處是北港的位置。顯然該學者對臺灣西海岸地形地貌和空間相對位置不太熟悉，從海岸地形來說，Canaal voor Ponikas以南是潟湖，以北則是相當寬廣的潮間帶灘地，這非常符合濁水溪口目前南北兩岸的海岸地形特性。Ponikas的意思，對照這份地圖其他的地名，Ponikas下方有Wankan，也就是目前嘉義好美里的魍港，以及往南的Soulung蕭壠也就是現在臺南佳里一帶。所以說

圖 1.38｜從地形地貌特徵來判定 1636 年Vingboons 所繪製的濁水溪流域

往北的 Ponikas 在濁水溪的出海口是北港非常牽強，即使是 400 年前濁水溪河道變遷，南北擺盪的路徑也不及於北港的北港溪，僅止於臺西的舊虎尾溪而已。而 Vingboons 所繪製的濁水溪流域也非常符合發源自中央山脈的合歡東峰，發源自玉山山脈的陳有蘭溪，以及發源自阿里山山脈的清水溪（圖 1.38）。

在國立臺灣歷史博物館策劃出版的《看得見的臺灣史‧空間篇》一書中（李，2022）分析過這張地圖，指上面標示的二林（Gierim of Zand duynen）寫著「此處有許多船停泊」，且下方沙丘標記漁翁汕（'t Vissers Riff）應該就是現在的大城；而同樣論述也在《臺灣歷史地圖》（黃驗、黃裕元，2016）中出現。但我認為這個說法有點牽強，畢竟 J. Vingboons 能如此精確描繪濁水溪以北是廣闊的潮間帶濕地，以南是潟湖的地貌特徵，二林、大城就不應該出現在該位置。這個質疑有待更多文獻和地圖學者來討論印證。

另外由阿姆斯特丹出版的《航海員指南》第六冊中所附一張地圖

推測是在1653至1661年之間繪製，在紅色的北回歸線上也畫出三條河川（圖1.39），其中較寬的一條應該是濁水溪（東螺溪），但是水系卻是非常短而不精確。

1-2-3 十八世紀明清時期

時間再推進到1709年，當年施世榜開闢八堡圳引入濁水溪水的時候，濁水溪被稱為濁水溪嗎？從清康熙開始統治臺灣之後，第一幅繪製的臺灣地圖是1714年康熙下令調查繪製，由耶穌會士雷孝思、馮秉正和德瑪諾三人實地測繪的「皇輿全覽圖」中的福爾摩沙島圖（圖1.40）。這張福爾摩沙島圖在北回歸線附近有一地名為Tchulohien（諸羅縣），而諸羅以北有幾條河川，應該就是濁水溪流域的東螺溪和西螺溪所在。

圖1.39｜1728年J. van Keulen等人繪製的「中華沿海地區海圖：廣東、福建與福爾摩沙」成圖期間約在1653–1661年之間（圖／國立臺灣歷史博物館）

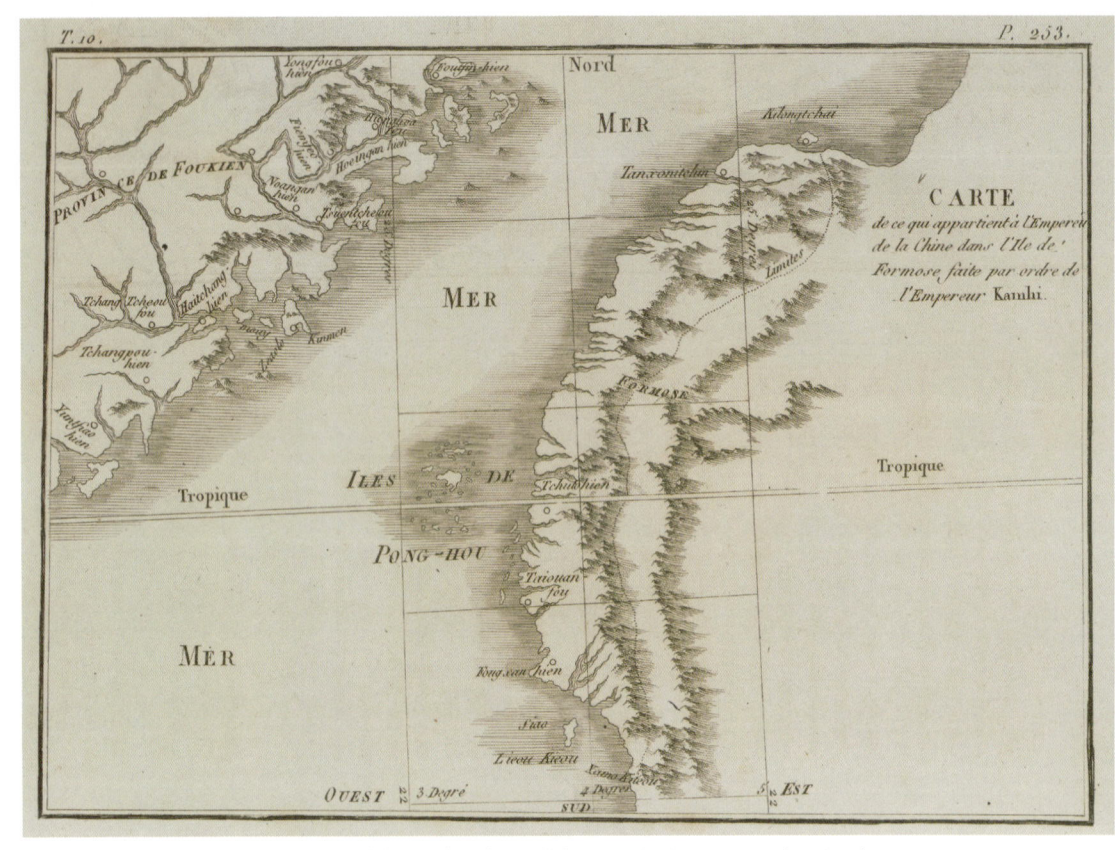

圖 1.40 ｜康熙下令調查隸屬大清帝國的臺灣島圖，繪於 1714 年（圖／美國國會圖書館）

在 1781 年清乾隆時期所繪製的「御製臺灣原漢界址圖」中（葉，2017），可以在集集埔找到濁水溪的標註，水系一路到下游沖積平原的出海口則標示為東螺溪、西螺溪和虎尾溪等（圖 1.41）。由此可見濁水溪當年在彰化、雲林下游沖積平原地帶，經常因颱風大雨導致改道氾濫，沒有固定河道，才有如此多分流以不同溪流名稱來命名。

甚至到 1888 年清帝國統治期間最後一次由官方所繪製《臺灣地輿總圖》中的臺灣府全圖（國立臺灣圖書館，2016），竟然連濁水溪都沒標註，僅在彰化、雲林交界處的東螺寫下了「濁口溪」（圖 1.42），而在海岸河口區域僅以鹿港、二林港、王宮港、番挖港、海豐港、麥寮港和虎尾溪凸顯濁水溪在進入沖積平原後河道分流的狀況。

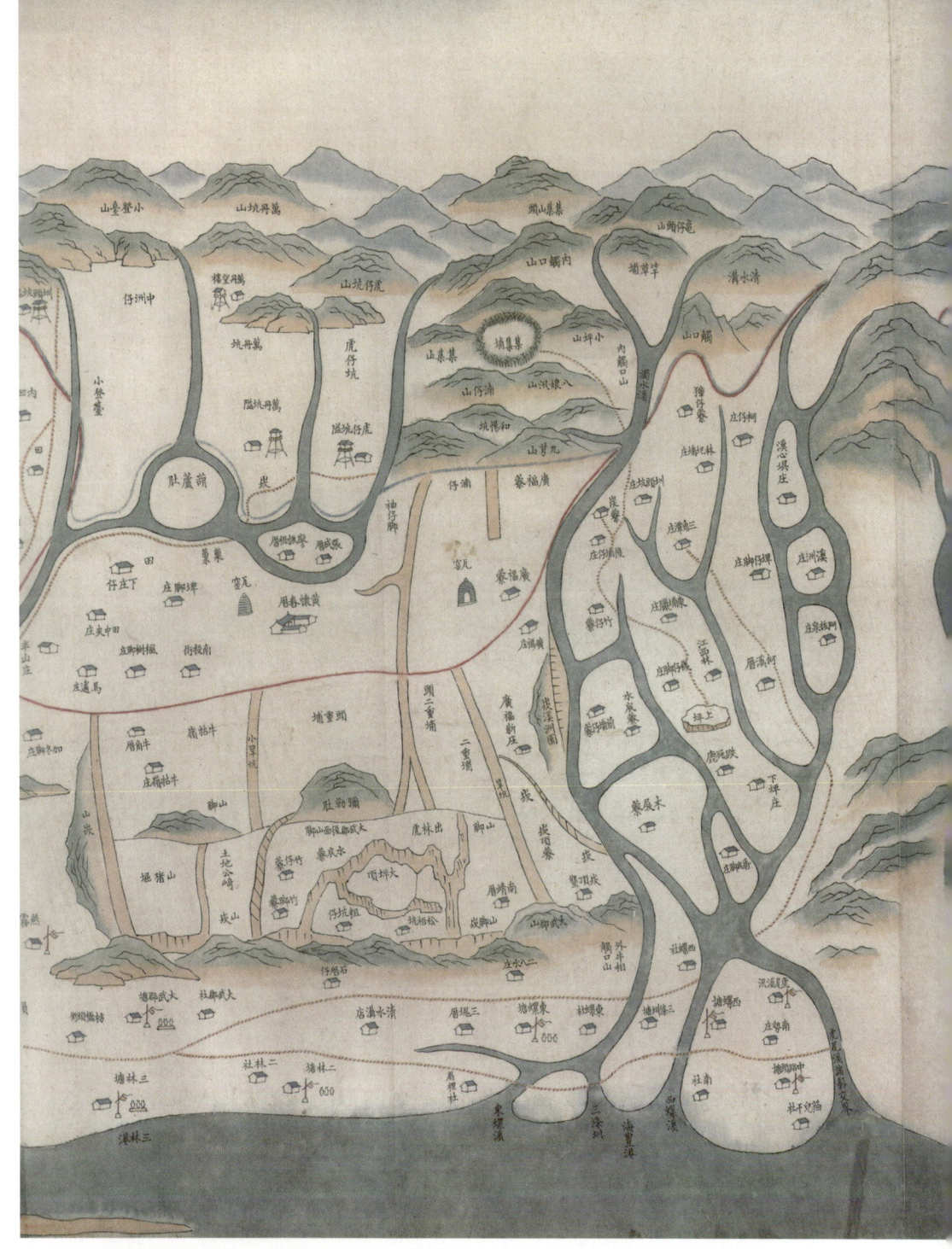

圖 1.41 ｜御製臺灣原漢界址圖中的濁水溪流域分布與地名，成圖於 1880 年的臺灣前後山地圖（圖／國立臺灣歷史博物館 ＊侯錦郎家族捐贈信函收錄於書末附錄）

上篇・濁水溪流域空拍誌 ｜ 73

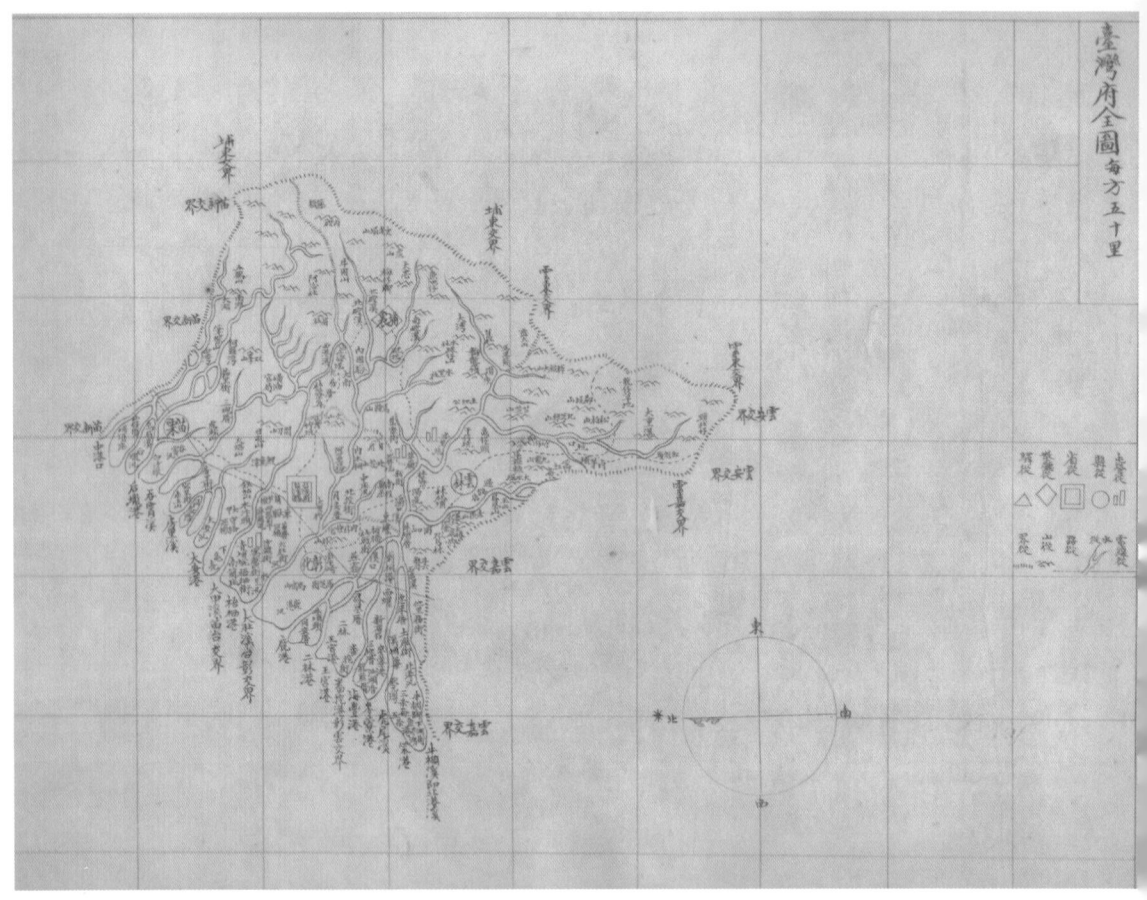

圖 1.42 ｜ 1888 年臺灣府全圖彰化部分（圖／國立臺灣圖書館《臺灣地輿總圖》）

除了古地圖資料之外，文字記錄方面乾隆 58 年（1793 年）翟灝時任臺灣總督時寫下了一部《臺陽筆記》，記述他在臺灣任職期間四處訪查遊歷的故事。其中一篇〈濁水記〉中有段記載：

「竹城之南有水，其源出自內山，有黑沙流出，土人以之灌田，雖分派支流，亦皆混暗如煙，名曰濁水。後因地震山崩，衝分為二。其一由嘉屬之斗六莊，其一則自彰邑安里社由北而南，復趨而西，下流十里，合注於海，總名之曰虎尾溪，浩浩蕩蕩，波濤怒湧，黑勢汪洋，行人裹足。溪之名或以其險而名之歟？」

竹城就是彰化的舊地名，翟灝在文章中所敘述的濁水溪特徵完全

無誤,所以文獻記錄上濁水溪最早的命名應該是從這裡開始。

年代愈新的「古地圖」所呈現資訊不一定比年代久遠的地圖更正確。有一幅「19世紀臺灣輿圖」所呈現的濁水溪並沒有文字明確標示(圖1.43),更離譜的是和北端的大肚溪同一發源,甚至濁水溪上游還跟南端的笨港溪連通,雖然謬誤頗多,但這是古地圖中著墨較多濁水溪水系流域的呈現。

法國領事于雅樂在1893年彙整多位法國人在臺灣考察資料所編著的《福爾摩沙之歷史與地誌》(*L'île Formose, Histoire et Description*)一書,也有提及集集附近的一條黑水河為濁水溪,而其法語名稱居然寫成汙染之河(riviere des Eaux Noires)(Imbault-Huart, 1893/2019),實在是非常不恰當。

而于雅樂在書中所繪製的臺灣地圖,並沒有畫出濁水溪流域的範圍,只有在臺中區與嘉義區中間的彰化畫出兩條很靠近的河川Rievier

圖1.43 | 此古地圖有標註大肚溪,卻未標註濁水溪,直接跳到笨港溪(圖/國立臺灣歷史博物館)

Sei-Kiam 和 Rievier Foung-Kam（圖1.44），以這兩條河川的名字很難判斷是否為濁水溪？但于雅樂書中寫了有人到過集集，顯然他是知道有濁水溪這條溪，但卻沒有在地圖上標註正確的濁水溪名稱。

此外，該書還附上一幅畫著濁水溪的插畫，那座山很顯然就是集集大山，與圖 1.45 這張空拍照相似度高達 80% 以上，顯見作者于雅樂

圖 1.44｜在臺中區和嘉義區的彰化中間有兩條河川，應該有一條是指濁水溪（圖／國立臺灣歷史博物館）

76 ｜ 流淌臺灣之心：濁水溪空拍誌

圖 1.45 ｜ 集集大山與濁水溪，像是放置的一串香蕉

曾親臨至此，才能繪出接近真實的集集大山。

1-2-4 十九世紀日治時期

隨著大清帝國在 1895 年甲午戰爭戰敗後與日本簽訂《馬關條約》，將臺灣永久割與日本，日本人開始進行統治臺灣所必需的各種地圖繪製、原住民人類學的慣習調查、地質礦產學與動植物的資源調查等，以更科學的調查技術和詳盡的基礎資料來建構統治臺灣的方略。從此臺灣地圖有了更科學測量繪製的成果（圖 1.46），濁水溪流域精準的繪製、濁水溪的命名、流域的開發利用與河道整治，因而大力展開。

— ● —

綜合上面的分析，從多種古地圖和各家所寫的文獻中尋找濁水溪命名的由來，濁水溪在清朝康熙雍正之前，因為歷年變遷河道南北改變，並沒有一條明顯的主流，所以在地圖上河道標示有東螺溪和西螺溪；直到乾隆以後，翟灝在《臺陽筆記‧濁水記》中明確以溪水有黑沙流出，而曰濁水之後，此後的地

圖 1.46 ｜日治時期詳細測繪的濁水溪流域圖（水利規劃試驗所典藏日治時期圖資）

圖下游區才開始標示出濁水溪。而日本人在 1895 年統治臺灣之後，對濁水溪進行了兩大水利工程，並在 1920 年開始興建濁水溪河堤，終於讓濁水溪不再南北擺盪，形成目前濁水溪從彰化、雲林交界出海的固定水域。從古地圖和文獻資料可以佐證，濁水溪之得名源自清乾隆時期，並非來自日本人。

1-3 濁水溪流域分區

過去地理課本或是地形學上對河川的分段多採用上游、中游和下游，屬比較定性的描述和分類。隨著地形學知識的累積和科學定量的調查，下面依照楊佳寧等人所發表的河道地形分類（楊等，2022）稍加修正，將河川分段，以源頭、山區、沖積河谷、沖積平原、河口潮間帶等五個分區來介紹濁水溪流域（圖 1.47）。

河川的源頭位於海拔最高點匯集雨水、融化雪水之處，多半是地質不穩定的崩塌地；山區則是從河川崩塌地源頭開始，河道明顯受到山體谷壁地質的限制，所以河道相對穩定，不會隨意改道，為河床坡度降幅大於 1.66% 以上區域；沖積河谷河道雖受谷壁限制，但因河川切割與堆積作用產生河階地形，使得河道的寬度和流向會略微改變，

源頭	山區	沖積河谷	沖積平原	河口潮間帶
	坡度降幅 > 1.66%	坡度降幅 1.66–0.25%	坡度降幅 < 0.25%	

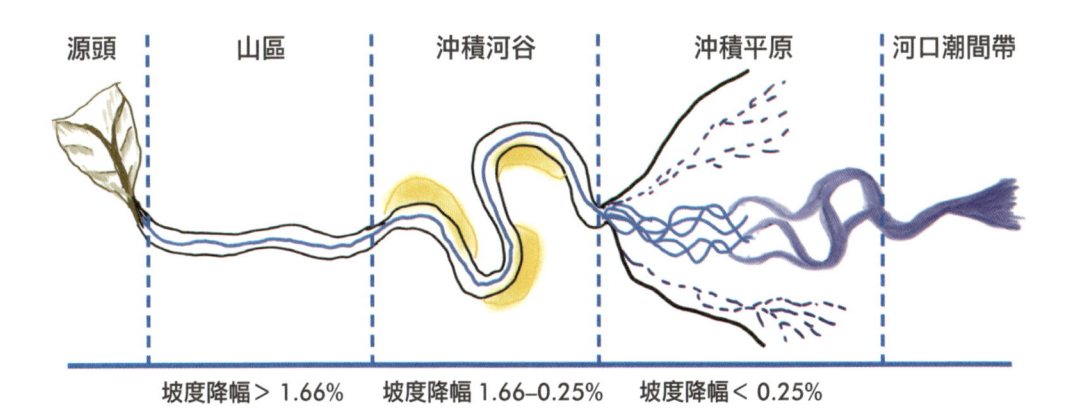

圖 1.47｜根據楊佳寧等（2022）河川流域分類調整的種類

圖 1.48 ｜以濁水溪主流、主要支流陳有蘭溪和清水溪繪製的濁水溪流域圖，以源頭、山區、沖積河谷、沖積平原和出海口分區簡圖（圖取自維基共享資源；作者 Shannon1，CC BY-SA 4.0，改作 adapted）

河床的坡度降幅在 1.66% 至 0.25% 之間；沖積扇於河谷展開，河道受到谷壁的限制更少，此時河水流路呈髮辮狀條紋，易產生河道改變的現象，因為沒有谷壁的限制，河道寬度變廣，很容易蜿蜒改道，此時河床的坡降小於 0.25%。但是目前臺灣的河川幾乎都建了河堤，完全限制了河道改道的流向，以及沖積平原的堆積，只能在河堤限制的範圍內讓河水一路奔流至大海了。

以下根據河道的地形特性，將濁水溪流域各水系分類（圖 1.48）如下：（一）發源地：濁水溪主流發源、主要支流陳有蘭溪和清水溪發源。（二）山區：濁水溪主流的武嶺到霧社、萬大，陳有蘭溪的八通關到和社，以及清水溪的阿里山到豐山村。（三）沖積河谷：濁水溪主流的親愛部落到集集，陳有蘭溪的和社到水里，以及清水溪的豐山到二水。（四）沖積平原：濁水溪的二水到大城、麥寮。（五）河口潮間帶：濁水溪口濕地南北岸，

往北延伸至芳苑,往南延伸至外傘頂洲。

1-3-1 源頭

濁水溪流域是臺灣唯一涵括三大山脈的水系,因此濁水溪源頭分別以中央山脈山系的濁水溪主流、玉山山脈山系的陳有蘭溪,以及阿里山山脈山系的清水溪、清水溝溪和東埔蚋溪來做介紹。濁水溪主流源頭發源自中央山脈山系合歡山主峰與東峰之間的佐久間鞍部（圖1.49）；陳有蘭溪的源頭則來自八通關大山的金門峒斷崖（圖1.50）；而清水溪上游的源頭阿里山溪則發源自大塔山（圖1.51）。

圖1.49｜濁水溪主流發源自中央山脈合歡山的佐久間鞍部和合歡山東峰

玉山北峰　玉山主峰

陳有蘭溪源頭

陳有蘭溪

大塔山

大塔山

阿里山溪

奇萊山

1-3-2 山區河段

　　濁水溪的山區河段是從源頭而下，主流從佐久間鞍部、合歡東峰以下沿著奇萊山而下（圖 1.52）；而陳有蘭溪的山區河段從玉山下一直到東埔一帶（圖 1.53）；清水溪的山區河段則從大塔山下一直到豐山村（圖 1.54）。

1.50	1.52
1.51	

圖 1.50｜陳有蘭溪發源自玉山山脈八通關大山的金門峒斷崖
圖 1.51｜清水溪發源自阿里山山脈的大塔山
圖 1.52｜從奇萊山系而下的濁水溪山區

上篇・濁水溪流域空拍誌 ｜ 83

圖 1.53｜陳有蘭溪山區
河川的山區河道受到山體的擠壓，河道寬度狹小，且坡度較陡，水流速較快，容易形成水流向下切割的河谷地形。

圖 1.54｜清水溪山區
清水溪上游受到山體限制，造成河道狹窄，為山區之河川地貌特性。

1-3-3 沖積河谷河段

臺灣地質學之父林朝棨於《臺灣之河谷地形》一書中（林，1966）完整手繪濁水溪流域之河谷地形地貌，沖積河谷的特性就是河道逐漸變寬，在河道受到山勢改變的轉彎處，因流速快而產生侵蝕，轉彎後的水流流速逐漸變慢，在河道另一側產生堆積（圖1.55）。

濁水溪的沖積河谷從水里匯入陳有蘭溪開始，一直到集集攔河堰為止（圖1.56）；陳有蘭溪的沖積河谷則從同富和社溪匯流之後，一直到水里（圖1.57）；而清水溪的沖積河谷則是從大塔山以下的阿里山溪一路到桶頭堰為止（圖1.58）。

圖1.55｜轉彎處一側水流快速產生侵蝕沖刷力道，另一側水流速度較慢則產生堆積現象

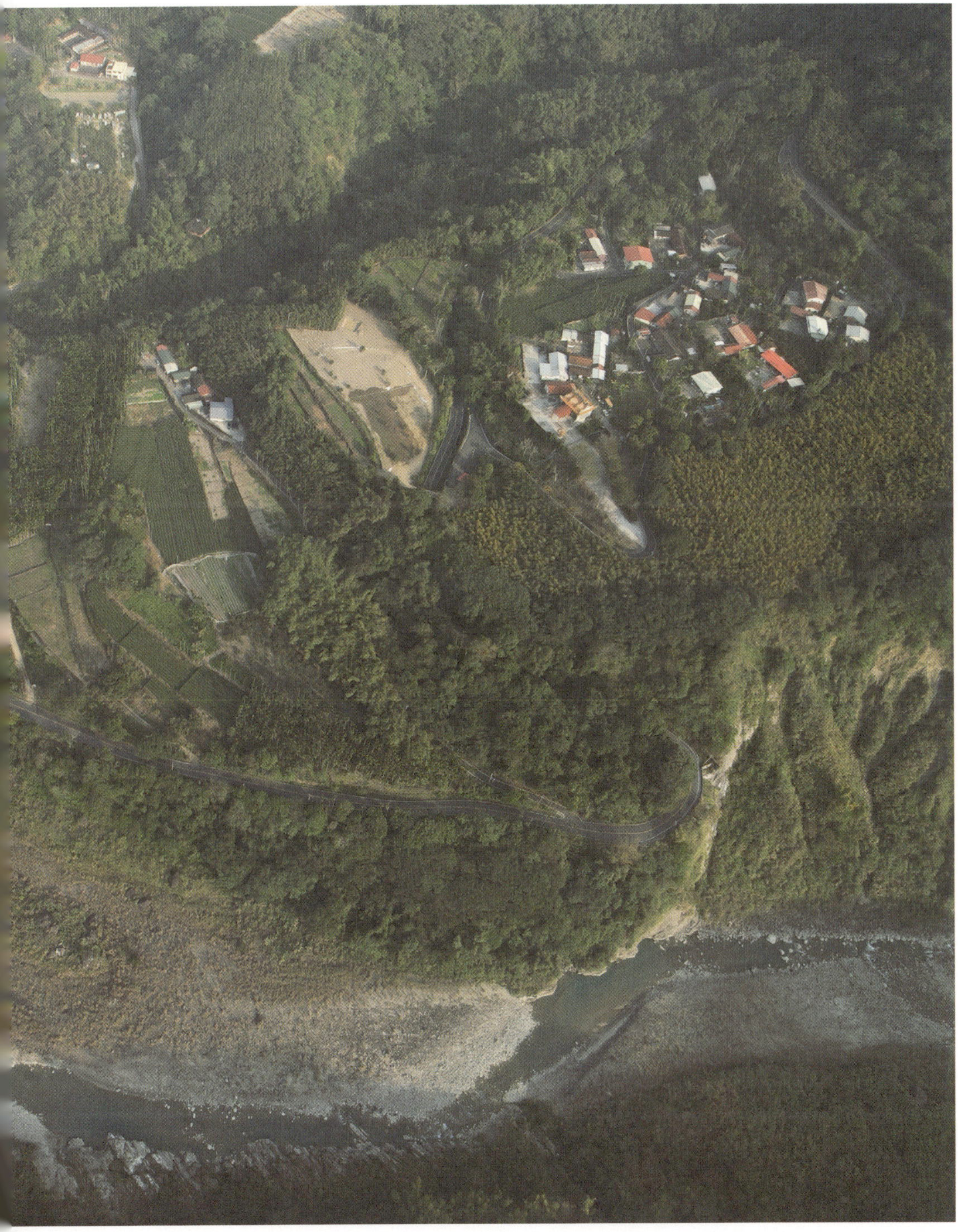

88 ｜ 流淌臺灣之心：濁水溪空拍誌

圖 1.56 ｜濁水溪沖積河谷
圖 1.57 ｜陳有蘭溪沖積河谷
圖 1.58 ｜清水溪沖積河谷

1-3-4 沖積平原

濁水溪與清水溪匯流之後通過八卦台地與斗六丘陵，形成了濁水溪沖積平原的河段，為臺灣由單一河川堆積形成最大的沖積平原。陳正祥在《臺灣地誌》書中對於濁水溪在過去百年前的路線變遷有明確的解析：「濁水溪在二水以南出山後，河床原甚分岐，主流偏向西北，稱為東螺溪，由鹿港附近出海。自有文字記載的兩百六十年來，主流河道已好幾次變動。漫流此沖積扇上的大溪，從南到北計有虎尾溪、舊虎尾溪、新虎尾溪、西螺溪、東螺溪。經過人工的壓束，目前以西螺溪為主流，餘皆因水利工程的建設而成斷頭河。」（陳正祥，1993）

沖積平原的河道特性是有髮辮狀網流（圖1.59），類似麻花捲的形狀，是因水流受到堆積的河砂改變其流向，在侵蝕與堆積作用力之下形成的彎曲河道。

圖 1.59 ｜ 髮辮河流是沖積平原的特性

上篇 • 濁水溪流域空拍誌 | 91

1-3-5 河口潮間帶

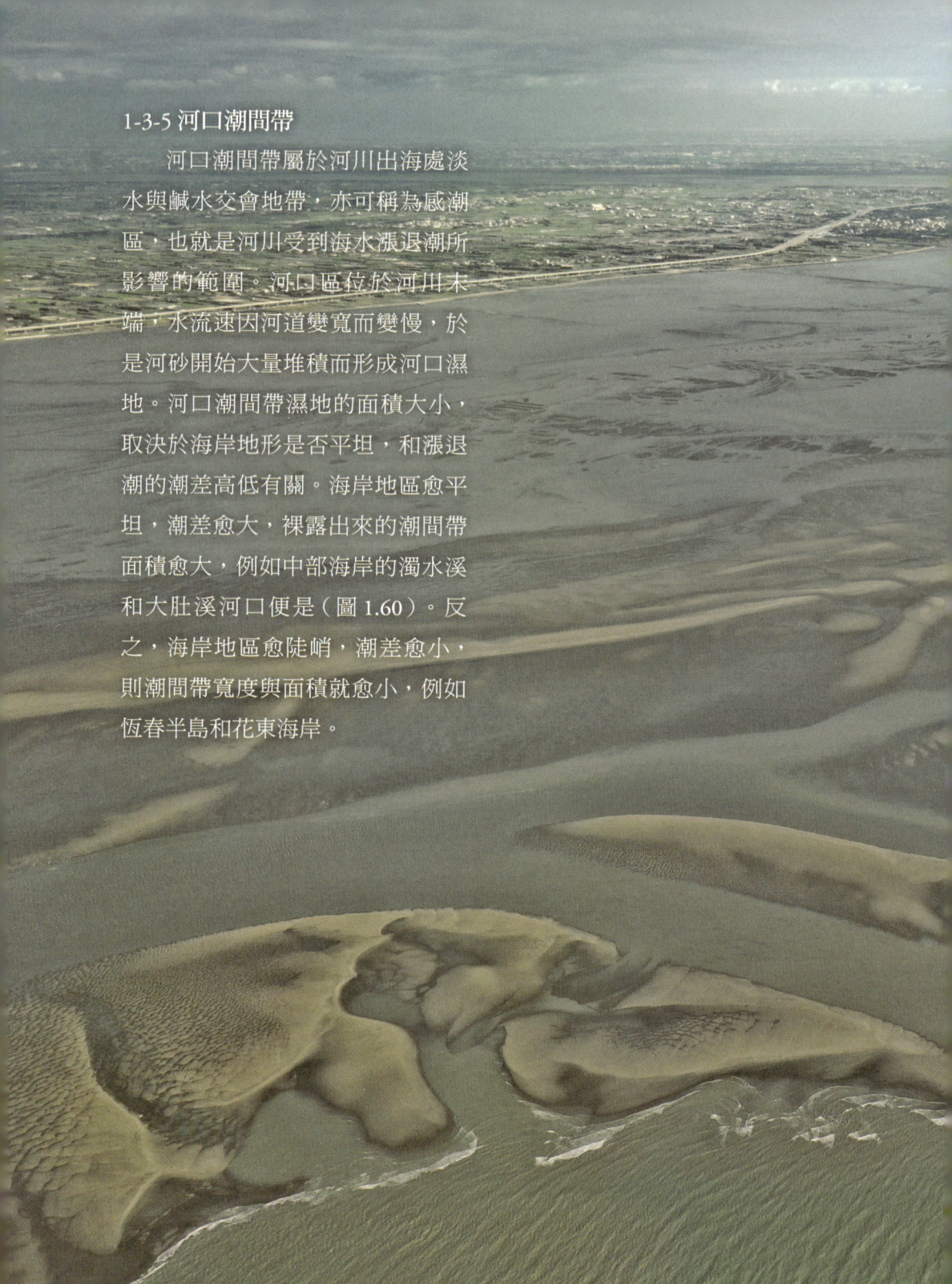

　　河口潮間帶屬於河川出海處淡水與鹹水交會地帶，亦可稱為感潮區，也就是河川受到海水漲退潮所影響的範圍。河口區位於河川末端，水流速因河道變寬而變慢，於是河砂開始大量堆積而形成河口濕地。河口潮間帶濕地的面積大小，取決於海岸地形是否平坦，和漲退潮的潮差高低有關。海岸地區愈平坦，潮差愈大，裸露出來的潮間帶面積愈大，例如中部海岸的濁水溪和大肚溪河口便是（圖1.60）。反之，海岸地區愈陡峭，潮差愈小，則潮間帶寬度與面積就愈小，例如恆春半島和花東海岸。

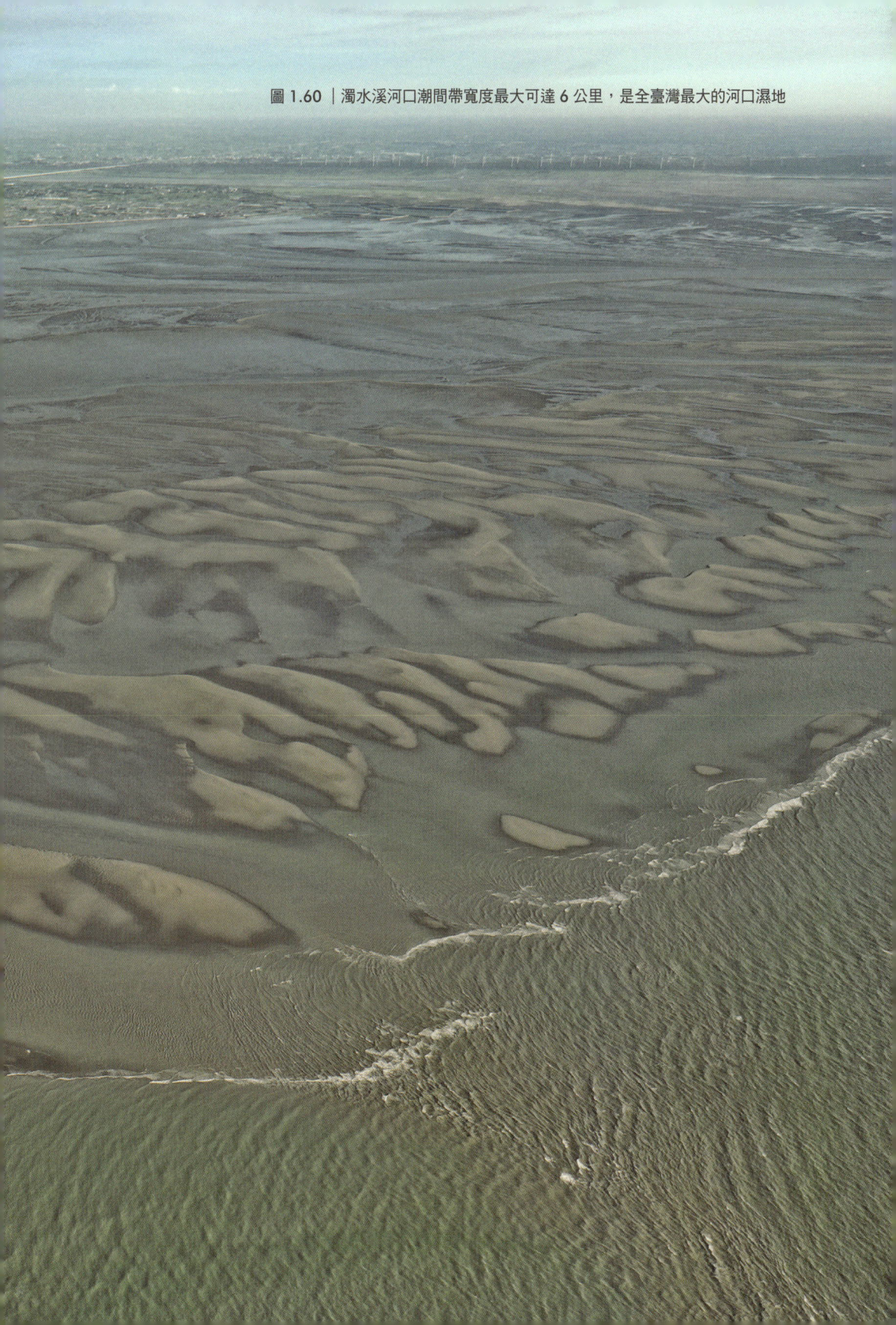

圖 1.60 ｜濁水溪河口潮間帶寬度最大可達 6 公里，是全臺灣最大的河口濕地

1-4 會飛行的照相機

我研究水鳥，也喜歡拍照，而無人空拍機正好就像是一隻鳥，可以拍下鳥類在空中翱翔所看到的景象。因此，2014 年第一代消費級無人空拍機甫一問世，我立刻就買來使用，能夠像鳥類一樣在空中俯瞰世界，是我一直夢寐以求的拍攝視角。所以空拍機對我而言，就是一台會飛的照相機。

第一次飛行無人機時，降落操控不慎撞牆墜機，摔壞了相機，隔天立刻送修，換掉摔壞的零件，繼續拍照飛行，因為飛無人機是會上癮的。剛出來的無人機，整體系統並不是很穩定，訊號不穩、飛行操控不穩、飛控軟體簡單，甚至影像也不穩，摔機墜機狀況百出。剛開始練飛的時候，我遇到不少狀況，像是不小心螺旋槳纏住電線、電力不足來不及安全降落而墜入魚塭、風太大飛不回來而迫降、訊號干擾亂飛撞樹等等。總之，那時候練習飛行無人機，真的是驚險刺激又令人無法釋手，一路跌跌撞撞。

隨著無人機一代接著一代改良更新，不論是飛行操控軟體提升、飛行器的穩定性、拍照攝影的高畫質等都有大幅改善，使無人機功能得以發揮到極致。現在不論是拍電影或是紀錄片、生態研究及其他科學調查，幾乎都少不了空拍畫面。無人空拍機為我們帶來的，不僅是滿足個人生活喜好及興趣，更讓我們能以全新視野來認識我們的生存環境。所以我相信不久的將來，將是全民空拍機的年代，會像是隨身照相機或是手機一樣的普遍。

研究鳥類生態的我，最想要的就是以鳥類的眼光來看這個世界，人類總是用自己的眼光和角度決定環境的開發，如果從鳥類的眼光和角度，很可能事情的結果完全不同。因為人類總是自私地從自己的眼光和平面的視角來掠奪土地與環境資源，從來沒有跳脫本位思維來善待萬物。當年齊柏林導演拍攝《看見臺灣》，從空中的視角讓我們第一次有機會看到臺灣山林海岸生態之美，卻也看到不斷被開發破壞掏空的臺灣。而齊柏林三十年來冒著生命危險在直升機上空拍臺灣，最後也將生命奉獻在他的工作崗

位，令人哀痛不已。難道以後就沒有人能像齊導演那樣繼續空拍記錄環境了嗎？不，現在更顯出無人空拍機在環境記錄上的重要性了。

在過去，空拍門檻很高，必須租乘直升機進行空拍，對一般人來說，是個昂貴且遙不可及的拍攝方式。近年來隨著無人空拍機品質和畫質提升，已逐漸成為大眾化的空拍工具。那是一種會上癮的感覺，地面上的拍攝已經無法滿足我了，從空中鳥瞰，以陌生的角度來看我熟悉的海岸環境，是多麼令人激動。

然而不正確的使用無人空拍機會造成飛行安全和人員受傷的不幸事件，尤其第一代上市的空拍機在飛行控制和拍攝的品質不好，經常發生意外事故。過去十多年我摔了很多台空拍機，沒有人教我操作，自己在不斷的試誤過程中繳了非常多學費。從第一次飛行即摔落空拍機，到現在能夠很自如、隨心所欲操控空拍機，拍攝我想要的畫面，經歷了許多空拍艱辛成長的過程，所以我希望這本書能夠讓更多人了解正確使用態度與認知無人空拍機的功能，在有紀律、有技術的前提之下，更安全的發揮無人空拍機在環境保護的應用。讓每個人都化身為齊柏林，隨時都能夠起飛升空，空拍記錄環境的變遷，讓破壞環境的殺手無所遁形。拍下美麗的臺灣生態環境，感動更多人一起來守護我們美麗的臺灣和地球。請大家一起行動吧！

1-4-1 空拍的原始時期

在 30 年前空拍技術的門檻相當高，只能透過載人的飛行器在空中進行拍攝，由於租直升機和照相設備的成本相當昂貴，一般人根本無法進入空拍的領域。當年我們東海大學環境科學研究所在大肚溪口進行水鳥生態研究時，非常需要了解大肚溪口泥灘地的空間範圍，那時能取得空拍照片的管道有兩個：透過國外衛星拍攝的衛星照片和農林航空測量所拍攝的正射影像照片。那個年代衛星數量不多，能拍到臺灣或是我們所需要地點的衛星照片非常有限，加上購買不易，因此非常需要農林航空測量所飛機的機載相機拍攝的正射照片。但是當我們去購買這些正射照片時，卻發現我

圖 1.61 ｜用遙控直升機進行空拍

圖 1.62 ｜利用微波傳送相機訊息到地面端

們所需要的潮間帶泥灘地竟然被消失，理由是那些泥灘地在地圖資訊中沒有地目編號，所以在後製過程被移除了。

最後只好委託一個航空模型業者，以他們開發出來的遙控拍攝技術，幫我們拍攝所需要的大肚溪口泥灘地空間範圍（圖 1.61）。業者使用遙控直升機搭載傳統的底片相機（當時剛上市不久的數位相機解析度和記憶卡容量都太小），利用微波傳送畫面到地面接收端進行拍攝（圖 1.62）。這樣拍攝的缺點是傳統底片相機並沒有GPS點位資料，底片數量也只能一次一捲，拍60張就必須下來換新的底片才能夠繼續拍攝。而且飛行路徑的精準度和拍攝影像的覆蓋度完全依賴業者的經驗，一次飛行拍攝要價15至20萬，這樣的價格在當年是相當昂貴的。但是為了取得海岸潮間帶泥灘地的空間資料，也必須忍痛支出。

拍好的照片是幻燈片，這種正片還需要掃描進電腦，再用人工方式拼接，結果花費 20 萬的空拍照片只能拼出這幅「上片不接下片」的樣子（圖 1.63），也無法再請業者重拍一次，只能將就著使用這些空拍照片，這就是我們曾經歷過艱辛的原始空拍時期。直到 2014 年，有了自己的空拍機之後，現在要什麼樣的環境空間圖資，隨手就能自己拍攝得到最新的資料。

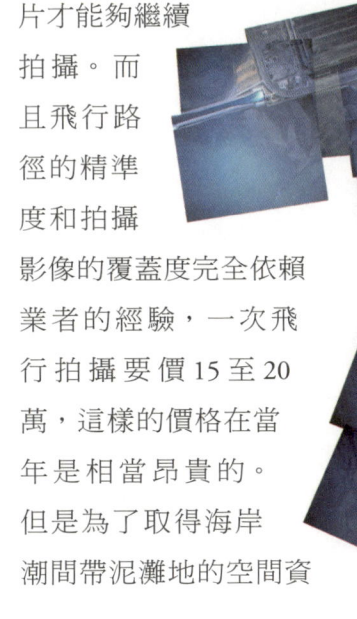

圖 1.63｜拼接出來的大肚溪口河口潮間帶，不但色差有問題，還無法組合出完整的河口照片

1-4-2 天下空拍唯高不美

空拍就是要飛高拍攝大景，才能展現出高空視角的壯闊。但目前商業消費級別的無人空拍機，受到民航法規的飛行空域管制，120公尺以上就需要取得專業證照才能飛行，所以市售無人機高度限制是起飛點往上500公尺，也就是在海平面0公尺起飛，可以飛到海拔500公尺的高度，而如果是在3,200公尺的高山起飛，高度可以飛到海拔3,700公尺。

如何突破500公尺限高而拍到更高更美的大景空拍照片，訣竅就是爬到比目標物更高的地方起飛。例如我很喜歡拍的九九峰，九九峰雖然不算太高，最高峰海拔大約是400公尺。如果在九九峰附近的平地起飛，飛上500公尺也不過比九九峰高一點點，這樣完全無法拍出九九峰嶙峋層峰的感覺（圖1.64）。因此我會開車爬到九九峰對面的山上，在對面山上可以高於海拔500公尺起飛，再飛到九九峰附近，可爬升到超過1,000公尺的高度，如此就可以拍到九九群峰完整面貌（圖

圖1.64｜在九九峰山下飛高500公尺只能拍到部分的山形輪廓

圖 1.65｜開車到九九峰對面的山上，起飛再拉高 500 公尺就可以拍到九九峰壯闊大景的全貌

1.65）。同樣的，我可以開車上到集集大山的山頂，海拔高度 1,390 公尺，再飛高 500 公尺就可拍到將近 1,900 公尺高度的大景，日月潭、頭社盆地、明潭水庫、大觀水力發電廠、濁水溪中游兩大鎮水里集集和集集攔河堰一覽無遺（圖 1.66）。

臺灣最美的高山湖泊嘉明湖，海拔高度 3,310 公尺，我帶著空拍機從臺東向陽出發，經過兩天路程，一直爬到嘉明湖旁，我也可以飛高到 3,800 公尺，一覽嘉明湖在群山之間的壯闊（圖 1.67）。所以要空拍玉山海拔 3,952 公尺高一樣沒有問題，只要登頂就能用無人機拍攝臺灣的東亞最高峰（圖 1.68）。

目前市售的無人機大概在海拔 6,000 公尺都是可以飛行的高度，唯一要注意的是電池溫度，在高海拔地區電池溫度低，放電效率較差，需要熱機讓電池溫度提高之後才能安全飛行。

圖 1.66 ｜在集集大山山頂起飛
圖 1.67 ｜爬山上 3,200 公尺可拍攝美麗的天使眼淚嘉明湖
圖 1.68 ｜只要能登頂玉山也可以空拍壯麗的臺灣最高峰

日月潭　頭社盆地

大觀水力發電廠　明潭水庫

上篇・濁水溪流域空拍誌

如果要飛到更高處空拍，那就得坐飛機，像是齊柏林導演租用直升機，經過飛航申請許可，就能夠在安全的空域飛高進行高空拍攝。臺灣也有不少攝影專業人士願意花高價租直升機來空拍臺灣的山脈，曾有幾次廠商贊助支持租直升機進行濁水溪的高空空拍，另外還有機會搭飛機在臺灣起降的過程中，拍攝到更高空的空拍照片。例如下面這張照片是從上海搭機返回高雄的途中，拍攝到的濁水溪和清水溪流域（圖 1.69），搭民航機在適當地點進行空拍是相當珍貴的機會。

圖 1.69 ｜從高雄往上海的民航機上空拍濁水溪和清水溪，飛行高度約 5,000 公尺

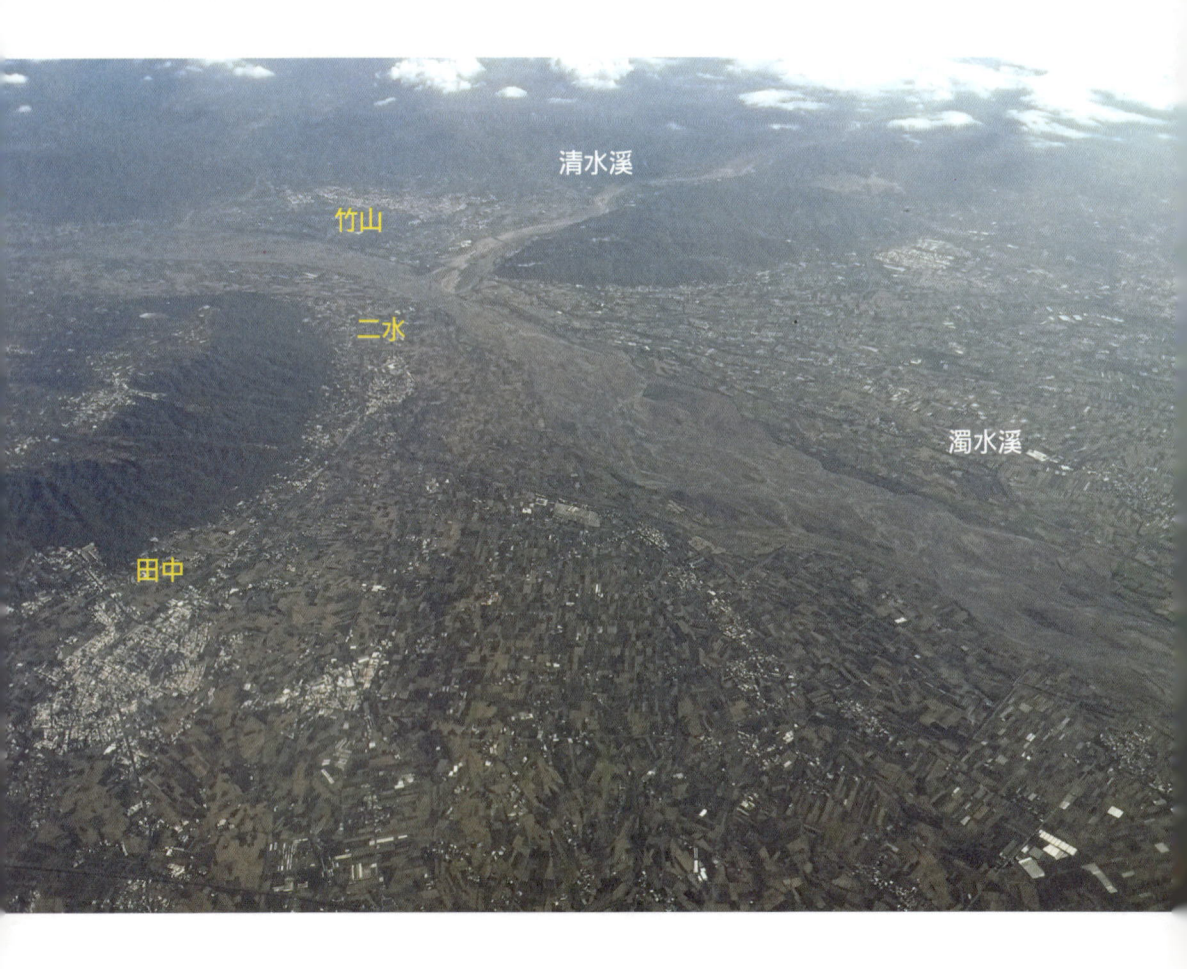

圖 1.70 ｜烏山頭水庫在嚴重的空氣汙染下怎麼拍都不好看

1-4-3 再美的景也經不起霧霾的摧殘

　　空氣汙染是空拍最大的殺手，霧霾細懸浮微粒導致能見度低，光線通透不佳，根本無法拍攝好的空拍照片。尤其是中部的冬季，細懸浮微粒的濃度飆高，每次在大肚溪口或是濁水溪口空拍，總是遇到嚴重霧霾的狀況，不得不放棄拍攝。中南部的空氣品質在冬天也是非常嚴重，只能拍到像這樣霧濛濛的畫面（圖 1.70）。因此，參考空氣品質 App 的 PM2.5 預報，事先判斷拍攝地點的空氣汙染狀況，來決定是否進行空拍，成為空拍前必備的基礎資訊。

　　所以我的手機備有兩個空氣品質監測軟體：環境部的「環境即時通」和國外的 AirVisual。環境即時通可以預測定點未來幾個小時的空氣品質（圖 1.71），但也僅限於臺灣、澎湖、金門和馬祖地區。如果想要知道全球各地的 PM2.5 濃度，則可參考 AirVisual 這個 App，能夠預測三到五天之內的 PM2.5 濃度。當然超過三天的預測只能做為參考，不過一天、兩天之內的預測值還是非常值得參考的。

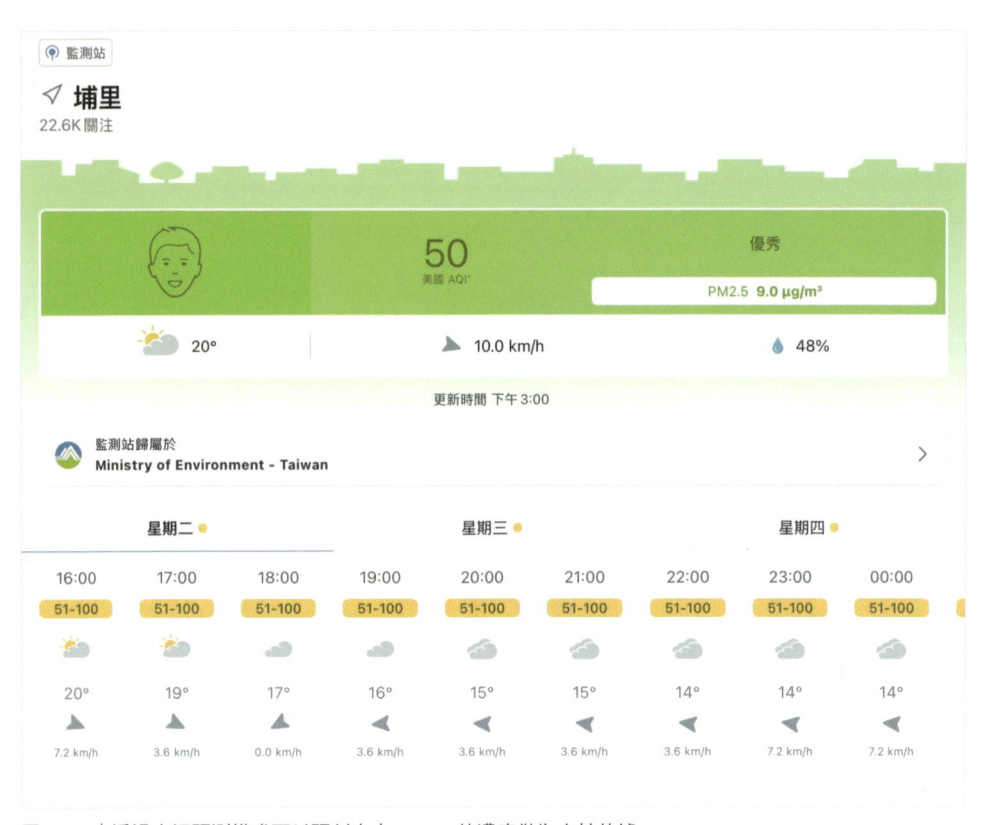

圖 1.71 ｜透過空汙預測模式可以預判未來 PM2.5 的濃度做為空拍依據

霧霾會影響大景的拍攝，如果是要拍正射影像建立地理圖資，空氣汙染的影響會比較輕微。因為小尺度的正射影像飛行高度大約 50 公尺高，中大尺度也在 100 至 200 公尺高度拍攝，PM2.5 對於短距離的能見度影響有限。

1-4-4 風速大小有關係

商用的中小型無人機在風速太大時無法正常操控，所以空拍之前必須先確認風速在空拍機可以安全飛行的範圍。如果有拍攝任務，應該事先查看拍攝地點的風速預測，否則到拍攝地點才發現風大無法拍攝，反而徒勞無功。一般氣象預報的 App 會有風速預測的項目，但是地點並不精準，而且是在一堆天氣資訊之後，需要花比較多的時間尋找。所以專業預測風速的軟體也是非常重要，我推薦的是 Windy 這個 App（圖 1.72）。

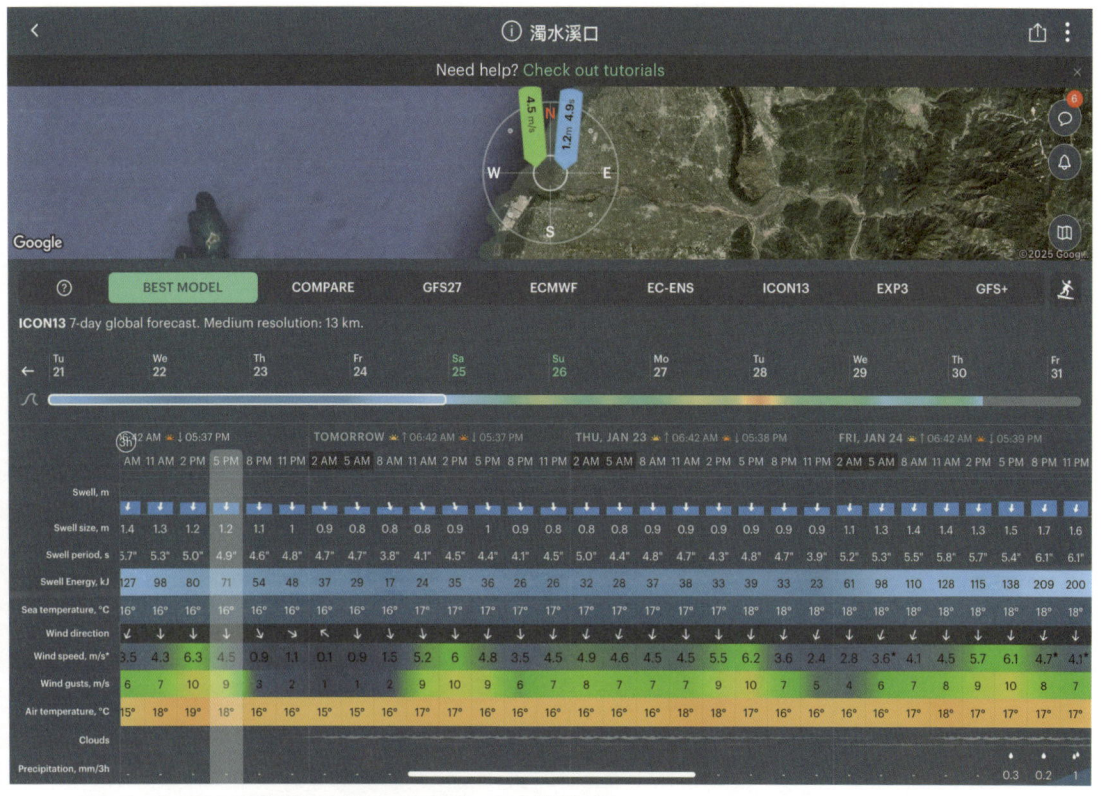

圖 1.72 ｜ Windy 是非常專業的風速預測軟體，相當精準好用

1-4-5 藍天白雲反而不適合空拍

一般的攝影，藍天白雲的天空在地面上拍起來非常好看，但是用空拍機在空中拍出來的效果很差，因為雲朵在地面上形成一團一團黑黑的陰影，不管是大景或是正射影像的拍攝，都會影響美觀和處理的效果（圖 1.73、1.74），所以藍天白雲情況下反而不適合空拍。在山區拍攝最好的天氣反而是陰天，因為陰天光線是平均的，不會有山頭的順光、逆光造成陰影出現。雖然陰天會導致顏色的色溫色差，但透過照片、影片的後製，還是可以調整回來比較接近大自然的原色。

1-4-6 空拍構圖與運鏡手法

照片人人會拍，但是要拍出好看的空拍照片，有好的構圖能力非常重要，而且必須了解拍攝對象的特性。拍攝時間的選擇，什麼時候是順光，什麼時候會起雲霧，都會

圖 1.73｜有雲的狀況下地面會有太多暗影

圖 1.74｜山區容易多雲，最好拍攝的天氣是陰天，不容易產生暗影

決定拍攝品質的好壞。

　　空拍照片構圖也要注意相機的俯仰角，也就是相機的低頭和抬頭。強調拍攝主角時，空拍機俯角向下負 60 度到負 90 度；要強調主角並包含背景環境，就要抬高相機負 40 度到負 10 度。切莫 0 度拍攝畫面中分，空拍照片就是要有俯視感，一半天空一半地景的照片會非常不像是空拍照。

　　如果有需要更廣角的照片，則可以利用空拍機內建的廣角拍攝功能，空拍機會幫你拍九張的九宮格相片，再組合成一張廣角相片，完全看不出疊合的痕跡。書中很多照片都是利用廣角拍攝方式完成，可以在空拍機飛行高度的限制下，拍出更大範圍的畫面。

— ● —

　　空拍機拍照相對較為簡單，比較困難的是錄影的運鏡手法，這考驗著我們操控遙控器手指推桿的穩定性和變化手法。基本上主要常用的錄影手法可歸納為四種：

一、巡航模式

　　也就是空拍機直線飛行、側飛或上下飛行，固定俯仰角，或是一邊飛行漸漸變換鏡頭俯仰角度。這是最常用的拍攝手法，通常運用在影片的片頭帶入拍攝主題。

二、刷鍋模式

　　也就是興趣點環繞，讓空拍機相機鏡頭始終對準主角，空拍機飛圓形進行拍攝。這樣的拍攝手法通常運用在拍攝目標明顯的建築物、高大樹木等。

三、暈眩模式

　　就是空拍機鏡頭負 90 度向下，空拍機向上或向下飛行旋轉拍攝目標物，這樣拍會呈現目標物眼花撩亂或是線條變化的效果，很適合拍攝水汙染、垃圾堆等令人不悅的畫面。

四、沖天模式

　　也就是空拍機以拍攝主角為中心，然後漸進漸遠拉高或是俯衝，這樣會製造出拉高拉遠漸漸消失，或是快速向下拉近出現的視覺衝擊，很適合拍攝強調主角出場或是退場的效果。

　　本書中所提供的影片內容多是以這四種拍攝手法為基礎，這四種手法可以單一運用，也可以組合拍攝，會讓拍攝的影片有更多樣變化的視覺效果。

1-5 遵守空拍法規

在任何地點進行空拍都必須要遵守空拍法規，雖然臺灣現行的空拍法規有部分要求不盡合理，但法律終究是法律，在還沒有修法之前，大家仍然必須遵守，也是減少許多空拍新手造成公共危險的基本防線。從媒體報導中，常看到很多剛入手空拍機的買家因撞傷人、飛入紅區等不幸事件上新聞，主要都是因為不了解空拍法規，也讓大家誤以為空拍機飛行是危險的。其實只要買品牌大廠品質好的空拍機，加上遵守空拍法規的規定，飛空拍機是非常安全的。

1-5-1 遵守五要和五不要

首先，如果你沒有空拍機專業操作證，而是以自然人身分從事休閒娛樂，就必須符合「五要五不」的規定。也就是：

- 🟢 要在白天飛行
- 🟢 要在視距內飛行
- 🟢 要飛行低於 120 公尺
- 🟢 要監控空拍機之飛航和周遭狀況
- 🟢 要遵守管理規則之操作限制
- 🚫 不得與其他航空器、建築物或障礙物碰撞
- 🚫 不得投擲或噴灑物件
- 🚫 不得裝載危險物品
- 🚫 不得在人群聚集或是室外集會遊行上空飛行
- 🚫 不得同時一個人操作兩架以上的空拍機

而當你考取專業操作證的資格後，幫政府機關或法人團體空拍，就可以根據拍攝的需求跟空域主管機關（民航局或是地方縣市政府等相關機關）申請例外許可，例如：可以夜間飛行、可以飛高超過 120 公尺、可以在人群聚集或集會遊行上空飛行、可以在紅區起飛拍攝、可以噴灑農業和可以一個人同時操作兩架以上的空拍機。

由於申請例外許可的程序相當複雜，也需要飛行保險、空拍活動報到和報退，因此在沒有特殊需求的情況下，以自然人身分和個人休閒娛樂的條件，遵守「五要五不」的空拍飛行限制，其實已經能得到最大的空拍成果。所以本書的空拍照片都是由二林社區大學學員們依照空拍法規實施後相關規定所拍攝

的畫面。

1-5-2 空拍機之登記管理

空拍機也需要登記管理。如果空拍機重量小於250公克，屬於自然人所有，便不用向民航局無人機單位登記。但如果是重量大於250公克的空拍機，就必須在交通部民用航空局遙控無人機管理資訊系統網站（https://drone.caa.gov.tw/）上註冊登記，並繳交每兩年50元的費用。另外，必須將登記的註冊碼印出貼在機身明顯地方，以便萬一發生事故，可以根據註冊碼找到空拍機主人。

1-5-3 空拍區域

空拍機飛行的空域管理也很重要，一般以120公尺為分界線，正常飛行器的飛行高度應該是高於120公尺，所以空拍機在120公尺下屬於安全飛行高度的綠區，只要遵守「五要、五不要」的飛行規範，自然人可以不需要空拍機操作證，也不需要申請即可飛行。而120公尺以下空域由地方縣市政府管理，地方縣市政府可以根據安全原則制定紅區，也就是不能起飛的範圍，例如將都市人口密集區、高鐵和鐵公路、快速道路、軍事區域及法院等機關劃入紅區。而黃區則是紅區與綠區的緩衝區，飛行高度限制在60公尺，一樣只要遵守相關規範，自然人不需要申請即可飛行。

若是法人機關團體，不管空拍機的重量大小都需要註冊登記，飛行高度若要超過120公尺，以及黃區和紅區飛行解禁，都需要具備空拍機操作證人員資格，並向民航局或是相關主管機關申請通過後才能執行空拍作業。

所以在帶領學員去空拍之前，我會先利用 Drone Map 由民航局公告飛行地圖來查詢該區域是否為綠區，以及附近黃區、紅區的界線。到空拍現場，還要請學員注意安全飛行的綠區範圍，避開有紅區的方位和範圍，以免誤入紅區，保障大家飛行的安全。Drone Map 可以在網路程式頁面搜尋下載。

交通部民航局遙控無人機管理資訊系統

1-6 空拍前製作飛行計畫

1-6-1 空拍區域、風速和氣候條件查詢

要有效率和安全規範完成空拍教學和飛行，在進行空拍之前，一定要先準備好空拍飛行計畫，預先查閱 Drone Map，確定該飛行區域是否為綠區或紅區。如果起飛點附近有紅區，應規劃好飛行路徑和範圍，避免空拍機飛入紅區內。另外要查詢風速與天候狀況，風速大於每秒 8 米以上，應盡量避免飛行空拍機。

1-6-2 空拍許可之申請

有些特殊區域雖然屬於綠區，還是需要申請許可才能進行空拍，例如國家公園或是特定風景區等。像是我們去拍濁水溪的源頭，佐久間鞍部屬於太魯閣國家公園，就必須提前七天上太魯閣國家公園官方網站提出空拍申請（圖 1.75），線上填寫操作人姓名、電子郵件信箱、

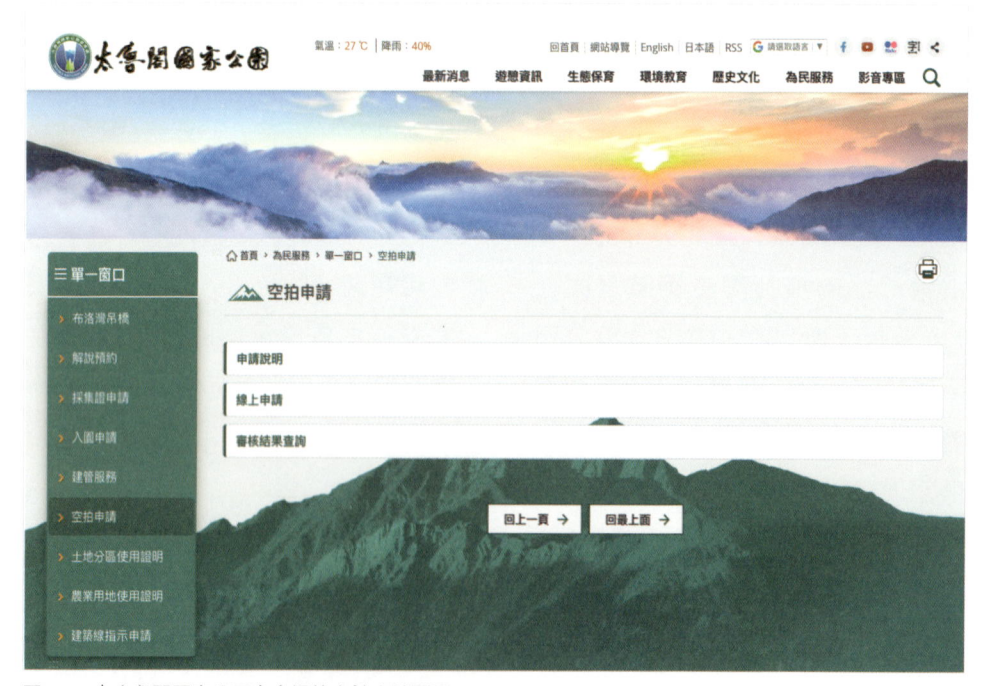

圖 1.75｜太魯閣國家公園官方網站空拍申請頁面

太魯閣國家公園管理處空拍許可證

申請編號：P202404260002

中華民國114年6月20日

申請人	聯絡電話	地址	
蔡嘉陽	0919*******	台中市*****************	
空拍機操作人姓名	出生年月日	身份證統一號碼（或護照）	聯絡電話
蔡嘉陽	56-**-**	B12070*******	0919*******
空拍機型號	DJi Mini4 Pro		
拍攝日期	自113年5月4日至113年5月11日		
起降地點	武嶺、昆陽、合歡東峰步道		

圖 1.76 ｜太魯閣國家公園寄發核准的空拍許可證

空拍機機型、空拍日期範圍、空拍地點等資訊，申請頁面操作簡單且人性化，只要符合太魯閣國家公園可空拍的地點，送出申請後大約三個工作天，就可以在電子信箱收到空拍許可證（圖1.76）。其他諸如陽明山國家公園、墾丁國家公園和雪霸國家公園，也都有自己的空拍申請網頁和規定。只有玉山國家公園不需要申請，但要遵守相關空拍安全規範。

太魯閣國家公園
空拍申請網頁

第 2 章 濁水溪源頭

所謂的河川發源地，是指一條河川地表逕流水開始匯聚成為河道，但是也會有許多不同的匯聚點，以匯聚點海拔最高的為該河川主流的發源地，其他河川則成為主流的支流。所以每一條河川的發源幾乎都是源自於山坡崩塌地，從數個不同支流的崩塌地匯聚雨水、雪水之後，匯流成溪澗，然後再形成溪流的主幹，一路往出海口奔流。濁水溪的發源地有三大山脈：由中央山脈合歡東峰和佐久間鞍部發源的濁水溪主流；發源自玉山山脈的陳有蘭溪在水里匯入濁水溪；發源自阿里山山脈的清水溪於二水匯入濁水溪。

2-1 中央山脈濁水溪主流發源

過去的地理書上是這樣寫，濁水溪源頭發源於合歡主峰和東峰之間的佐久間鞍部，但根據我們最新的空拍照片顯示，合歡東峰的崩塌點已經明顯高於佐久間鞍部。這是因為佐久間鞍部原本的崩塌地高於合歡東峰，而今合歡東峰的崩塌持續往上延伸，最後高於佐久間鞍部，而且下雪的融雪水從合歡東峰開始集水，所以濁水溪發源地應該修正為合歡東峰才是（圖 2.1）。

臺灣過去經歷過多次的冰河時期，上一次冰河時期約在 1,8000–25,000 年前，鹿野忠雄在 1934 年就率先提出合歡東峰這裡有冰河時期所留下的冰斗遺跡，所以濁水溪源頭的 V 字型峽谷很可能是冰河切割所遺留之冰斗地形（陳佳宏，2011；鹿野，1934）（圖 2.2）。

圖 2.1｜合歡東峰上的積雪融雪之後匯集，海拔高於佐久間鞍部，所以濁水溪源頭應該修正為合歡東峰

圖 2.2｜合歡東峰有類似冰斗的環境

上篇・濁水溪流域空拍誌 ｜ 113

圖 2.3 ｜ 殘雪之後的冷杉像極了一支快要融化的雪糕，妝點在綠色的玉山箭竹上非常美麗

冬天下雪過後的殘雪期間，還能拍到少許的雪景，臺灣第一道森林線就是冷杉，披著殘雪的冷杉像極了一支雪糕（圖 2.3）。我去空拍濁水溪源頭，還利用了立體建模的正射影像拍攝手法，也就是除了 90

度向下的正射拍攝照片外，再加上不同高度與視角變化的照片，經過 Metashape 2.1 這套軟體的運算，可以呈現立體畫面，從不同的角度來查看合歡東峰、佐久間鞍部和濁水溪之間的坡度與位置狀況。

濁水溪源頭的 3D 立體影像

每年 4、5 月在合歡主峰和東峰一帶高山杜鵑盛開。臺灣高山杜鵑種類很多，在合歡山群峰之間主要是玉山杜鵑和紅毛杜鵑（陳盈雯、劉，2010），皆為臺灣特有種（圖 2.4）。不論是從合歡東峰而下的濁水溪畔玉山杜鵑（圖 2.5），或是在合歡東峰頂的紅毛杜鵑（圖 2.6），粉紅、粉白花朵妝點在一片翠綠的玉山箭竹草原中，這是濁水溪源頭一年之中最色彩繽紛的時節。

圖 2.4 ｜ 粉白相間的高山杜鵑讓合歡山景觀更美

圖 2.5 ｜合歡東峰下濁水溪畔的玉山杜鵑

圖 2.6 ｜合歡山東峰頂的紅毛杜鵑

拍攝濁水溪源頭的最佳空拍點是昆陽停車場，因為武嶺人潮較密集，起降空拍機比較容易發生在人群上空飛行。而昆陽停車場較為空曠，避開人潮，可以完整拍攝合歡東峰與佐久間鞍部兩條集水區匯流點。空拍的時間點最好是選擇非假日，光線最佳的時刻在中午之前，下午以後多半有雲霧升起，也不適合空拍。

2-2 玉山山脈陳有蘭溪發源

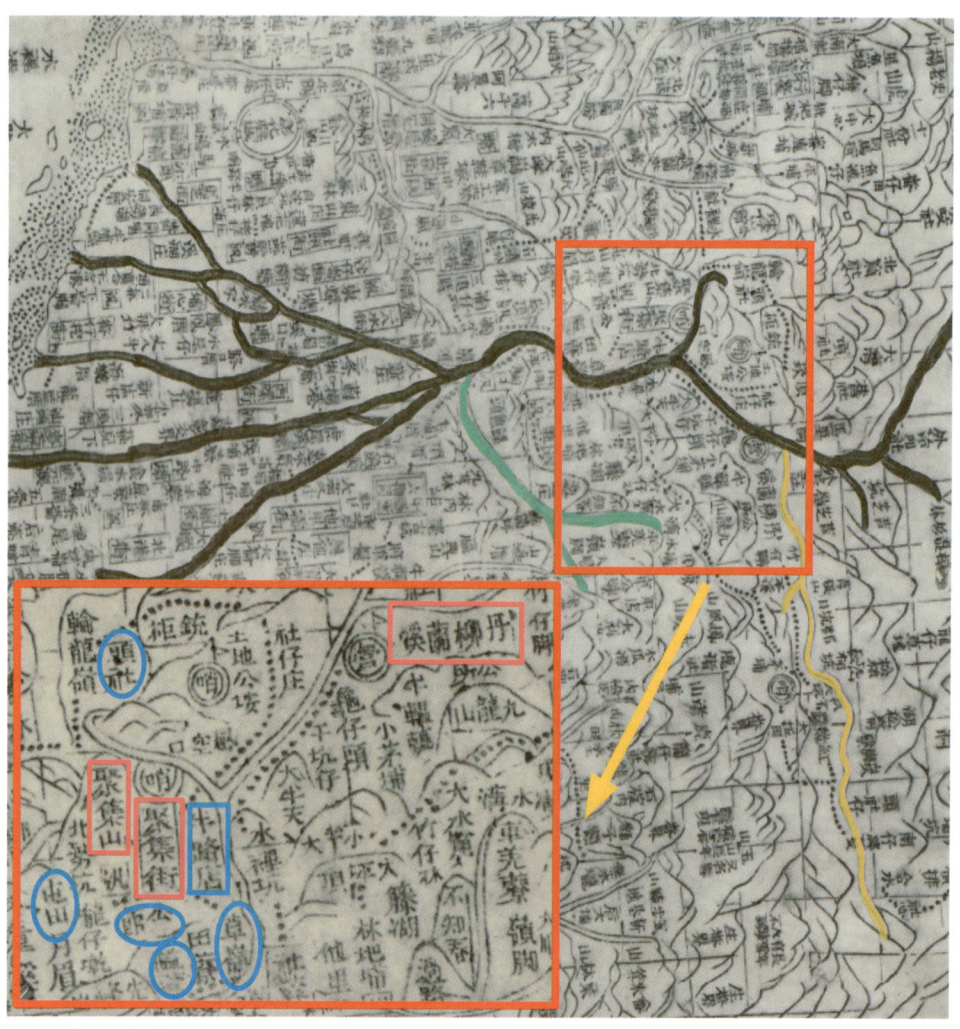

圖 2.7 ｜陳有蘭溪最早出現在地圖是叫丹柳蘭溪（圖／國立臺灣歷史博物館《臺灣輿圖》〔1880 年〕）

陳有蘭溪全長42公里，發源自玉山北峰東北坡的金門峒斷崖，是濁水溪最大的支流。陳有蘭溪布農族語稱為Kunhukan（海樹兒‧犮剌拉菲，2016）。陳有蘭溪的命名由來有多種版本，眾說紛紜，有溺水郵差之說，也有鄒族語音譯之說。

沿著陳有蘭溪畔的登山道路，是日治時期重修的八通關古道，為通往花蓮的要道，主要做為理番之用，也是登玉山路線之一。近年來登玉山主要路線為塔塔加路線，因此東埔的八通關古道較少人行走，多段道路也因受到風災、地震破壞，年久失修而不利通行。所以近幾年就沒有深入八通關古道空拍陳有蘭溪源頭金門峒斷崖的現況，僅有1992年當兵退伍前夕隻身上玉山留下的地面拍攝照片（圖2.8），以及當時拍下的地圖路標（圖2.9）。

圖 2.8 ｜ 1992 年當時從東埔上玉山時拍攝的陳有蘭溪發源地

圖 2.9｜當年上玉山前八通關古道的地圖路標

圖 2.10｜陳有蘭溪的源頭金門峒斷崖在玉山東側

想帶空拍機上玉山拍攝，但排雲山莊登記抽籤三次都沒抽中，只好在東埔溫泉附近山上起飛空拍，遠眺拍攝陳有蘭溪流域，利用空拍機的七倍鏡拉近，依稀可見金門峒斷崖（圖 2.10）。

在玉山國家公園範圍內空拍是不需要申請的，但仍必須遵守不得在人群上空飛行等相關安全規定。對於玉山國家公園空拍不用申請的特例，實在應該予以讚賞，的確在玉山國家公園範圍內超過 3,000 公尺的高山林立，空域範圍內幾乎不會有任何飛行器飛行經過。除非有救難直升機進行山難搶救作業，空拍機要立刻下降高度或返航，讓救援直升機通過，不然一般消費級空拍機在玉山國家公園範圍內飛行，會影響到飛航與人員安全的機率可以說微乎其微。希望大家都能遵守相關無人空拍機的安全規範，讓玉山國家公園範圍內成為空拍臺灣美麗山景的天堂樂園。

2-3 阿里山山脈清水溪發源

清水溪是濁水溪主要水系第二條支流，全長 51 公里，發源自阿里山山脈海拔高度 2,663 公尺大塔山下的阿里山溪（圖 2.11）。阿里山溪往下與豐山村的石鼓盤溪匯流之後，始稱為清水溪。

空拍清水溪源頭阿里山溪最佳拍攝地點為阿里山林鐵二萬坪站，也就是阿里山青年活動中心的停車場。因為阿里山森林遊樂區範圍是禁止起飛、需要申請的紅區，而二萬坪車站位於綠區，所以在此起飛往西北的綠區方向。

濁水溪流域除了清水溪的主要支流外，還有另外兩條同樣來自阿里山山脈較小的支流：清水溝溪和東埔蚋溪。這兩條支流雖然不太出名，但是其發源所在卻是臺灣非常重要知名的景點，也就是南投縣鹿谷鄉的鳳凰山和溪頭、杉林溪。清水溝溪又叫南清水溝溪，發源於鳳凰山海拔高度 1,697 公尺，全長僅 17.5 公里，水勢由南往北走向，在鹿谷鄉瑞田附近，集集攔河堰內匯入濁水溪（圖 2.12）。清水溝溪因為水質清澈而得名，由於水域生態

流淌臺灣之心：濁水溪空拍誌

豐富，早在 1981 年就規劃了「清水溝溪魚蝦保護區」，是臺灣溪流生態保育最早的發源地（圖 2.13）。

圖 2.11｜清水溪發源地阿里山山脈最高峰大塔山下枯水期的阿里山溪
圖 2.12｜發源自鳳凰山的清水溝溪在鹿谷瑞田入集集攔河堰，成為供應水源之一
圖 2.13｜清水溝溪魚蝦保護區開啟早期溪流保護區的案例

第 3 章 濁水溪流域山區

濁水溪是一條平易近人的河川，因為有臺14線與14甲線沿著山坡興建，密集的產業道路從源頭一直到山區，沿線都很容易到達，也因此濁水溪流域山區沿線被人為開發和破壞的規模就很大。

3-1 濁水溪主流山區

3-1-1 武嶺、奇萊山下（昆陽到鳶峰）

合歡瀑布

濁水溪從武嶺下來第一個瀑布是合歡瀑布，分成下中上三疊，中瀑比較小，上瀑落差最大，而下瀑就是匯流入濁水溪的入口。大阪朝日臺北通信部1933年在《臺灣寫真大觀》刊出一張合歡瀑布照片寫道：

「合歡瀑布，一個由上、中、下三段組成的大瀑布。中段瀑布總長約達82公尺，極為壯觀。瀑水轟然撞擊的地鳴聲淒淒然，一旦在此佇立而旅裝濡濕，即使酷暑之日也頓感十分寒意。從能高線的波阿崙左轉經道澤與德鹿谷，一路蜿蜒曲折的驚險路段約達12公里，沿途沒有道路相通的絕壁上長滿山白竹，是下到瀑布下方瀑潭的必經之路。合歡山與奇萊連峰的雨水聚集匯流到瀑布，之後化為一滴滴的千百水絲，擊洗山岩後匯入濁水溪本流。有名的深堀大尉一行人行蹤不明事件，據傳就是發生在這附近。永遠不絕的合歡瀑布之聲似乎在訴說著什麼故事，但見照片有如一幅名畫……。」（圖3.1）

圖 3.1 ｜ 1933 年 1 月 29 日由大阪朝日臺北通信部在《臺灣寫真大觀》刊出的合歡瀑布照片（圖取自《視覺臺灣》）

　　當年臺中州國立公園 1935 年的風景照片也留下水量豐沛的大瀑布畫面，相當壯觀（臺中州國立公園協會，2016）（圖 3.2）。目前下往合歡瀑布的步道早已年久失修，並沒有道路可以抵達，所以只能用空拍機飛入拍攝。

　　但是要飛靠近合歡瀑布有點難度，最佳的拍攝地點是在抵達昆陽之前 90 度大迴彎的路邊。合歡瀑布位於右側山下方大約 1,000 公尺處，因為沒辦法目視到瀑布位置，只能透過監視畫面直飛向下，尋找合歡瀑布的位置。所以空拍機需往前飛行約 2,000 公尺，並向下飛行超過 1,000 公尺，才能看到合歡瀑布。由於向下飛行且在山區容易造成訊號阻斷，需要注意可能的斷訊問題，一旦有訊號不穩或延遲狀況，必須隨時拉高空拍機準備返航。還有山谷風力突然變強也會讓空拍機不容易控制，因此拍攝合歡瀑布具有相當大的難度和挑戰性。而且拍攝的時間點也需要掌握，早上與下午時段兩

圖3.2｜（左）合歡瀑布拍攝於1935年（圖取自《臺中州國立公園風景》）；（右）空拍機2023年拍攝畫面，合歡瀑布枯水期間水量較小

側的山壁會遮擋住陽光，讓合歡瀑布呈現陰暗的狀態。大約只有接近中午時，陽光向下直射，可以拍到最佳的合歡瀑布畫面。亦或是選擇在陰天拍攝，這時就不會有順逆光造成亮暗差異。

　　合歡瀑布在冬天枯水期水量較小（圖3.3），但是到了春天融雪期間水量大增（圖3.4），是拍攝合歡瀑布最佳時機。這裡不屬於太魯閣國家公園範圍內，所以空拍合歡瀑布是不用申請的。

合歡瀑布上、中、下三疊

圖 3.3 ｜冬天枯水期間水量小的合歡瀑布

圖 3.4 ｜融雪之後的合歡瀑布水量較大

3-1-2 合作產業道路（德鹿谷部落到廬山）

　　合作產業道路是沿著濁水溪東側的道路，與濁水溪西岸的臺14甲線隔水相望。經過霧社轉入廬山部落後，在與臺14線的岔路往前便是合作產業道路。此產業道路是精英、都達和德鹿谷部落對外聯繫道路，和臺14甲線一樣，沿途從翠峰到清境的山坡地都開墾成為茶園和菜園，山坡地一片一片被農墾地撕開，加上多家豪華民宿的興建，像這樣密集開發的程度，從空拍照看真是令人怵目驚心（圖3.5）。

圖 3.5 ｜ 超限利用的濁水溪沿岸山坡地

上篇 • 濁水溪流域空拍誌 | 129

從合歡山與奇萊山脈中間而下的濁水溪兩岸山坡地，一直到德鹿谷部落，因為坡度太陡、交通道路不容易抵達而不利開墾，保留了這段濁水溪最原始的狀態（圖 3.6）。

圖 3.6 ｜從奇萊山沿路而下的濁水溪兩岸保留完整山坡地

西西靈鳥巨石

西西靈鳥（Sisili）巨石是太魯閣泰雅族和霧社賽德克族共同的神話，有兩種不同的傳說版本：

第一個是鳥界想選出一個鳥王領導，商定如果能將濁水溪河床上的巨石搬運至此，就可以獲得鳥王的封號。於是體型最小的西西鳥或是西雷克（Siliq）（繡眼畫眉）發揮團結的力量，終於將巨石搬運至此，得到鳥王的尊銜。這是靜觀部落在濁水溪流域古老傳說闡述團結合作重要性的勵志神話故事，即使是像繡眼畫眉這樣毫不起眼的小型鳥類，只要能團結合作，齊心協力，仍然可以移動巨大的石頭，成為管理眾鳥事務的鳥王。尤其泰雅族人認為繡眼畫眉的眼睛特別大，是具有神力靈性的鳥類，可以洞悉森林內的一切，所以會以繡眼畫眉為占卜鳥，做為他們上山打獵是否豐收的依據。

圖 3.7 ｜某個角度空拍的西西靈鳥巨石神似一隻展翅的飛鳥

第二個傳說版本是來自花蓮縣卓溪鄉山里部落的口述採集（田、余，2021），在南投霧社部落一座高山上有一顆很大的石頭，有一種叫Sisil的鳥就停在這塊大石頭上，用牠的嘴巴搖一次、兩次，大石頭竟然裂開來，然後從裂縫中走出一男一女，成為賽德克人的祖先。這是賽德克祖先「石生說」的由來。

以字面上「西西靈鳥巨石」似乎意指這顆巨石很像一隻鳥，但從地面上任何角度來看這塊巨石，一點都不像。而且這顆巨石確實有一條很明顯的裂縫，很像被啄開的痕跡。我於是用空拍機飛上去拍攝，試著從不同的角度來看這顆巨石，看看是否有不同的解讀。居然在這樣的角度發現這西西靈鳥巨石真的有像一隻鳥（圖 3.7）！只要輔以簡單的線條，畫出神鳥的翅膀、鳥嘴喙和頭部，栩栩如生，看起來就像一隻繡眼畫眉（圖 3.8）。

圖 3.8 ｜輔以簡單的線條可以畫出一隻栩栩如生的繡眼畫眉

上篇・濁水溪流域空拍誌 | 133

能高瀑布

能高瀑布是臺灣海拔最高的瀑布，是塔羅灣溪的上游。日本朝日新聞社保存寫真係調查部在 1927 年 7 月 9 日發布一張能高瀑布的照片（圖 3.9）寫道：

「擁有我國（日本）海拔第二高駐在所的能高，照片所示的是這裡所謂的一萬高瀑布。（標高 9,600 尺，但號稱一萬尺，約合 2,910 公尺）」

文中所提到我國海拔第二高駐在所是能高駐在所（天池山莊的前身），而第一高駐在所應該是指八通關古道的大水窟駐在所。在大水窟駐在所附近並沒有瀑布，因此能高駐在所附近的能高瀑布就是臺灣最高的瀑布。

要拍攝能高瀑布必須走能高越嶺古道，從屯原登山口入山，走到天池山莊。為了空拍能高瀑布，必須走能高越嶺古道 12 公里入住天池

圖 3.9 ｜朝日新聞社發布的能高瀑布照片，雖然模糊，但可感受到磅礴氣勢（圖／日本朝日新聞社保存寫真係調查部）

圖 3.10 ｜空拍能高瀑布示意圖，從天池山莊前小廣場起飛，先往下到最底端的瀑布，再慢慢跟隨著瀑布往上前進拉升

山莊，尤其能高越嶺古道在 2023 至 2024 年間多次遭遇地震與颱風的肆虐，整條步道多處坍方，必須捨近求遠改道，上山走 10 個小時，下山一樣走 10 個小時，所以這趟拍能高瀑布是我繼空拍嘉明湖之外第二辛苦的一趟路程。雖然天池山莊號稱是五星級山屋，有電有熱食，晚上早早躲進睡袋內睡覺，但是空曠的山屋房間還是冷得要命。

空拍能高瀑布可以在天池山莊前的木質廣場，往能高瀑布飛行前進即可（圖 3.10）。從步道吊橋下開始慢慢往上飛行，一路跟隨瀑布和塔羅灣溪蜿蜒而上（圖 3.11），如探索般的深入瀑布最上層，整個瀑布可達 15 至 16 層，應該也是臺灣瀑布之冠。拍攝過程驚心動魄，每

圖 3.11 | 能高瀑布從下層往上可達 16 層，無法用一張照片拍出完整的能高瀑布

個上升轉場過程都令人期待，到最後一層瀑布，空拍機的訊號幾乎快要中斷。萬一中斷訊號啟動自動返航，空拍機要如何避開這些障礙呢？所幸總算驚險拍完整個能高瀑布，用最後快消失的訊號順利返航。

從最下層到最上層，能高瀑布完整記錄

3-1-3 塔羅灣溪：廬山馬赫坡部落

塔羅灣溪是濁水溪主流下來的第一條主要支流，這地方之所以重要，不僅僅此地是臺灣重要的溫泉景點，也是霧社事件莫那魯道族人所居住的馬赫坡部落。塔羅灣溪發源自能高越嶺古道天池附近與奇萊南峰（圖 3.12），全長有 15.7 公里，在春陽部落附近匯入濁水溪（圖 3.13）。塔羅灣溪畔的馬赫坡是莫那魯道族人的居住地，1930 年發生的霧社事件，導

圖 3.12｜塔羅灣溪上游

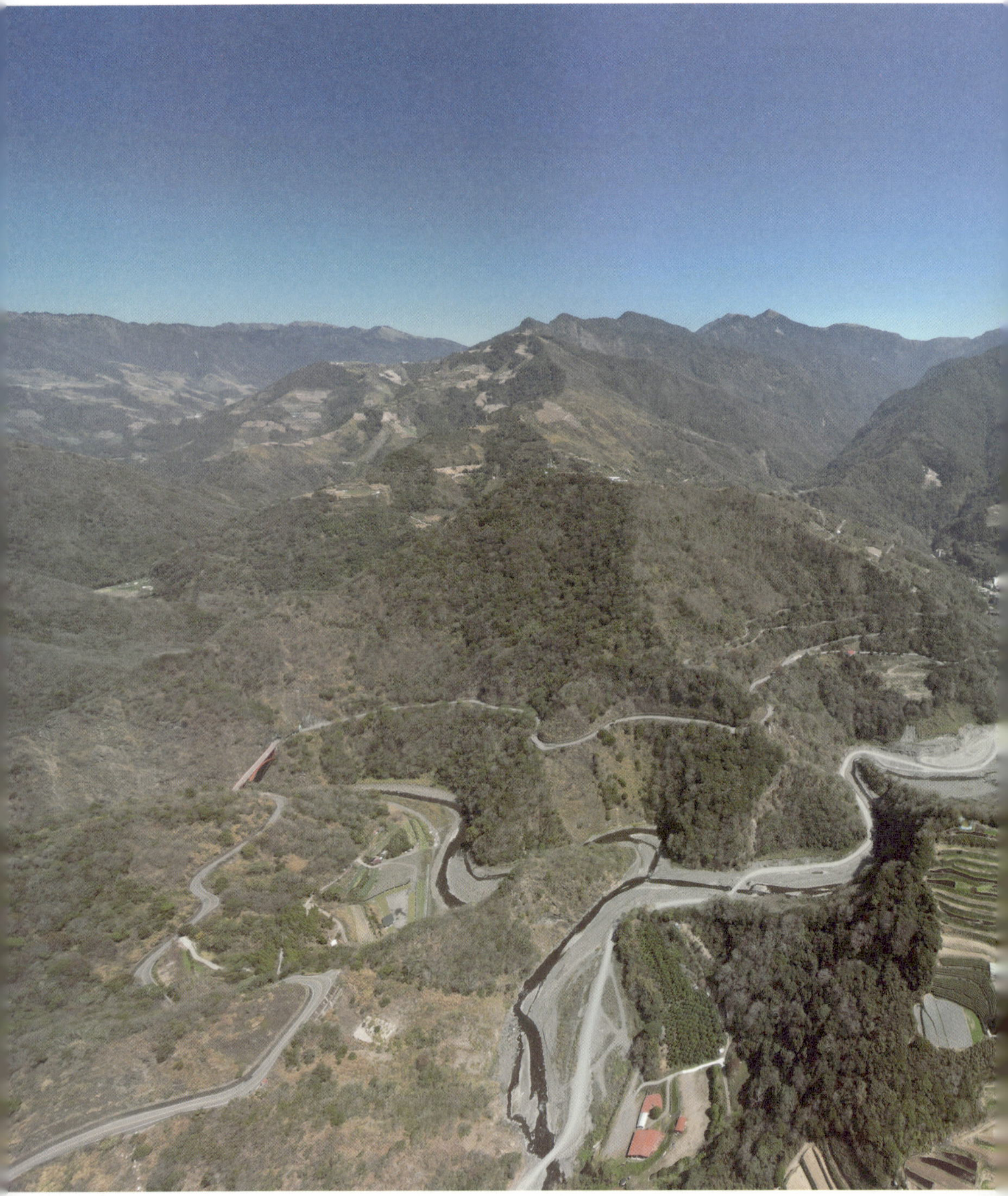

火線起點就在於此，因莫那魯道兒子在他的婚禮上敬酒，日本警察卻嫌棄他們的衛生，導致群起毆打日本警察。後來又因擔心遭日方報復，加上日本人在霧社對原住民壓榨與違背賽德克族習俗的遠因，終於爆發了殘忍的霧社事件。經過50多天與日本人的戰鬥，莫那魯道族人不敵日軍的強大火力壓制，在馬赫坡的古戰場進行最後困獸之鬥。馬赫坡社族人婦女為了避免被日軍捕獲後遭受羞辱而集體上吊自盡，莫那魯道也往海馬濮溪上游的山上舉槍自戕身亡，最終霧社事件以悲劇壯烈收場。

圖 3.13 ｜ 塔羅灣溪匯入濁水溪

3-2 陳有蘭溪山區

3-2-1 清八通關古道到東埔

清八通關古道從竹山林杞埔開始，經集集到東埔，穿越中央山脈和玉山抵達花蓮的玉里（璞石閣），約 152 公里長。從東埔上玉山這段八通關古道便是沿著陳有蘭溪開闢（圖 3.14），早年是登玉山最主要的路線。

3-2-2 東埔到同富

陳有蘭溪在東埔與沙里仙溪匯流之後往同富，在同富與和社溪匯流，日治時期這裡由吊橋穿越陳有蘭溪往東埔，目前是一座紅色的大鐵橋（圖 3.15）。

圖 3.14 ｜陳有蘭溪沿著玉山山脈和中央山脈之間往下，八通關古道由此闢建往花蓮方向開通

陳有蘭溪　　　　　　　　和社溪

跨越陳有蘭溪與
和社溪改建的紅色鐵橋

圖 3.15 ｜ 日治時期的吊橋已經改建為紅色大鐵橋

3-3 清水溪山區

3-3-1 大塔山至豐山村

大塔山是清水溪上游阿里山溪的發源地，是阿里山山脈最高峰，阿里山溪從這裡往下到豐山村與石鼓盤溪匯合之後，正式稱為清水溪（圖 3.16）。

清水溪

石鼓盤溪

阿里山溪

圖 3.16｜阿里山溪與石鼓盤溪匯流之後的清水溪

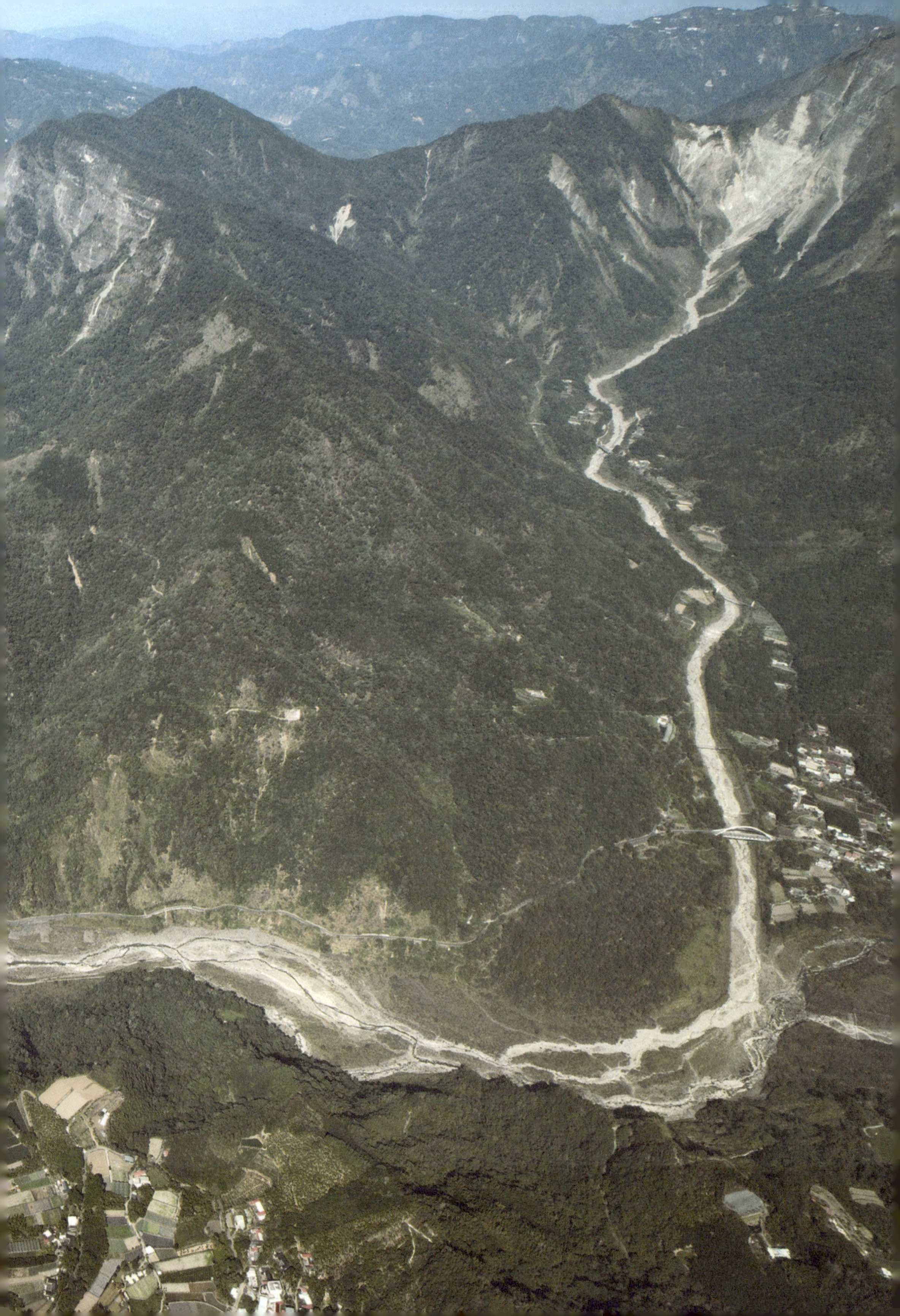

3-3-2 石鼓盤溪和蛟龍瀑布

蛟龍瀑布位於清水溪上游的石鼓盤溪,是臺灣落差最大的瀑布,分成上中下三段瀑布可長達 650 公尺,中段長度可達 424 公尺(圖 3.17)。在冬季枯水期,瀑布幾乎是沒有水的(圖 3.18),只有在夏季豐水期可見到非常壯觀的瀑布(圖 3.19)。最佳拍攝時間是下午的順光,最佳拍攝地點則是在蛟龍瀑布觀景台的小停車場,蛟龍瀑布就在觀景台正對面,只需要直飛前進即可接近蛟龍瀑布。只是蛟龍瀑布位在山谷地區,衛星訊號較差,需要等待比較久的時間才能正確定位。在豪大雨期間,道路容易中斷,須注意行車安全。

圖 3.17 ｜ 蛟龍瀑布的落差是臺灣最大

上篇 • 濁水溪流域空拍誌 | 145

圖 3.18 ｜冬季枯水期沒有水源時蛟龍瀑布幾乎是消失不見的

圖 3.19 ｜夏季豐水期蛟龍瀑布水量大非常壯觀

第 4 章

濁水溪流域沖積河谷

4-1 濁水溪主流沖積河谷

　　濁水溪主流的沖積河谷包括萬大水庫以下的濁水溪，有萬大溪親愛部落、曲冰遺址、武界壩、合流（與丹大溪匯合）、水里（與陳有蘭溪匯合）、集集攔河堰。

圖 4.1｜霧社左側的萬大水庫是濁水溪水系，右側眉溪屬於烏溪水系，這是最標準的分水嶺

4-1-1 霧社、萬大水庫

濁水溪通過春陽部落之後便進入霧社，由於霧社位於中央山脈通往臺灣東部地區的要衝地帶，也是原住民與埔里平地聚落的第一線相遇。從清朝時期霧社就是重要的漢番貿易交流重鎮，因此而延續到日治時期，霧社成為日本人做為理番政策下的模範樣本社區。

從空拍看霧社，它位於濁水溪和眉溪分水嶺上方（圖 4.1），而眉溪是烏溪上游的支流，不屬於濁水溪流域。

空拍萬大水庫最佳的地點是通過往奧萬大國家森林遊樂區入口之後的路口往右下,這裡有一處免費的停車場,非常適合用來進行空拍戶外教學。萬大水庫的壩體是紅區,水庫蓄水區則是綠區,在此可以拍攝到萬大水庫全貌(圖 4.2)。

圖 4.2｜在霧社停車場可拍攝萬大水庫全貌

上篇・濁水溪流域空拍誌 | 151

4-1-2 萬大溪

萬大溪是濁水溪上游的支流，在萬大水庫之後匯入濁水溪，其上游分為萬大北溪和萬大南溪（圖4.3），主源頭是萬大南溪，發源自牧山北坡。萬大北溪與萬大南溪沿線山坡崩塌相當嚴重，因此河水含大量泥沙，是濁水溪繼塔羅灣溪第二條混濁河水。萬大北溪和萬大南溪在奧萬大國家森林遊樂區匯流之後稱為萬大溪，而萬大溪匯入濁水溪卻是相當戲劇化的迴旋轉彎，一共繞轉了十八彎，很可能是全臺灣河川支流中匯入主流最華麗的轉彎（圖4.4）。在每個轉彎處水流速度比較快，沖刷力道強，這也是為什麼萬大溪的水如此混濁的原因。

濁水溪、萬大溪匯流處

萬大北溪

萬大南溪

圖 4.3｜萬大北溪與萬大南溪匯流
圖 4.4｜萬大溪與濁水溪匯流處，萬大溪經過 18 個華麗的轉彎後匯入濁水溪

4-1-3 曲冰遺址

曲冰遺址是濁水溪流域一處非常重要的人類學考古遺址，是新石器時代中晚期少見完整的高山大型聚落遺址，1981年由中央研究院歷史語言所考古組所發現，目前為回填保存狀態，也就是尚未挖掘研究完成，為了保存現地的文化資產，暫停挖掘，回填土方，處於封存狀態。此遺址位於濁水溪畔山坡一處平台居高臨下（圖4.5），往下濁水溪可取水漁獵，往上可在山坡地種植農業作物，是一處非常適合居住的生活空間。

4-1-4 武界壩

濁水溪到了武界部落前有個狹小的窄山谷，日本人為了實踐日月潭引水計畫的水力發電系統，在這裡設置武界壩攔截濁水溪的水注入日月潭（圖4.6）。武界壩於1931年正式開始施工，在1934年完工並鑽鑿山壁施工長約15公里的隧道，工程相當艱辛，甚至日月潭引水計畫還遇到關東大地震，導致經費短絀暫停施工的窘境。

曲冰遺址

圖 4.5｜曲冰遺址位於濁水溪旁的高台上，旁有農耕地，取水方便，適合人類發展居住

圖 4.6｜武界壩位於濁水溪兩山最狹窄處，由兩座壩體所組成，左邊為排水閘門，右手邊則是日月潭引水管線的入水閘門

1930年5月由當時臺灣電力公司介紹日月潭電力工事（圖4.7），文中寫道：

已經建造完成的一部分水道，地點是木屐䁀。（大正11年電力工事因故一時中斷，停滯狀態一直到此時仍未重新建造。）

這裡就是目前從武界壩輸往日月潭唯一露出山體的輸水管線，也就是東光社區的向天圳。空拍向天圳，到埔里往東光村的道路即可抵達，向天圳旁有一處停車場，在此全區都是綠區，從武界壩端出水口到日月潭端的入水口（圖4.8），全長約400公尺。豐水期間向天圳的水從武界壩源源不絕向日月潭輸送，可以感受到濁水溪奔流的生命力，想著先人百年前於此艱辛的開鑿過程，也有一份思古情懷。空拍向天圳需要巡航低飛，飛行時要注意樹木及電線，以免發生碰撞。

向天圳巡航拍攝

＊從一山頭出口處，經過一座水橋，跨越東光溪（木屐䁀溪）到進入另一山頭的入口處。

圖4.7｜1922年（大正11年）朝日新聞社報導的向天圳施工現場（圖／朝日新聞社）

圖 4.8｜向天圳的末端往日月潭方向入水口

後來武界壩在使用多年之後，隧道混凝土嚴重脫落，臺灣電力公司於是計畫新建一條引水道取代武界壩（圖4.9），便利用栗栖溪的水源興建了栗栖壩（圖4.10），重新給日月潭另一條水源補注的引水隧道，稱為新武界壩引水隧道（圖4.11）。新武界壩全長約14公里，在栗栖溪建設壩體後，利用引水管道鑿穿山壁注入日月潭（圖4.12）。

4.10

4.9

圖 4.9｜新、舊武界壩路線圖
圖 4.10｜栗栖壩引栗栖溪水從新武界引水道注入日月潭

圖 4.11 ｜新武界引水管道輸往日月潭

新武界壩出水口

舊武界壩出水口

4.12 ｜新、舊武界壩出水口

圖 4.13｜形成日月湧泉的舊武界壩出口

　　武界壩在豐水期的水量非常充足，仍然擔負著供應日月潭水源的重要任務。澎湃洶湧混濁的濁水溪水通過向天圳之後，舊武界壩在日月潭的出口處形成湧泉（圖 4.13），是日月潭著名景點之一。新武界壩出水口就在旁邊不遠處，栗栖溪的水量較少，也比較清澈，在此出口注水入日月潭，成為一條青色湛藍的水道，與濁水溪舊武界壩的黑色水道形成一幅臺灣版涇渭分明的景象（圖 4.14）。

— ● —

　　武界壩的紅區只有在兩個壩體範圍內，只要不飛過壩體就是安全飛行的綠區。最佳拍攝武界壩的空拍點是埔里往曲冰、萬大，過了第一個山洞，右手邊有一處空地，這裡停車方便又可以拍到整個武界壩的蓄水範圍。

圖 4.14｜新、舊武界壩出水口，形成的黑色湧泉與藍色水道，一黑一藍，涇渭分明非常壯觀

上篇・濁水溪流域空拍誌

4-1-5 卓社林道

卓社林道是埔里往武界部落之前，卓社隧道附近一條相當隱密原始的林道，總長度約為18公里，與武界林道同為過去埔里地區重要林業作業道路。從武界到和丹大溪匯流的合流坪，幾乎沒有適合的道路通過，這裡是濁水溪沿線最難抵達的區域，也因此可以空拍濁水溪兩岸非常原始未被開墾的山林風貌（圖4.15）。卓社林道平日較少人通行，是一處很適合寫作、放空的秘境。2025年5月我帶二林社大學員初次造訪卓社林道，卻因為去年颱風與大雨沖刷，導致道路顛簸且泥濘難行，車輛上山不易，連預計到達的良久林場石碑都無法抵達，僅在半途空拍了濁水溪之後，有驚無險地平安下山。因此要前往卓社林道，應事先查詢好相關路況，以確保行車安全。

圖 4.15 ｜ 在卓社林道可拍到武界以下的濁水溪環境

濁水溪

4-1-6 合流坪、丹大溪

濁水溪一路往下到另外一條重要支流丹大溪的匯流口，丹大溪上游因為崩塌嚴重，與萬大溪一樣攜帶大量泥沙灌入濁水溪。在丹大溪與濁水溪匯流處的合流坪空拍，即可看到更深黑色的丹大溪水與相對較清澈的濁水溪水交會的畫面，沒有比較沒有傷害，明明是很黑濁的濁水溪水，遇上丹大溪水居然還顯得清澈一些（圖 4.16）。

丹大溪的上游是丹大東溪，發源自海拔 3,313 公尺的斷稜西山東側，與丹大西溪匯流，再與郡大溪交會後成為丹大溪（圖 4.17）。丹大溪、郡大溪流域是濁水溪支流中道路交通最不方便的範圍，因此保留了最自然的山林環境。過去為布農族主要的獵場，現在則公告為丹大野生動物重要棲息環境，受到野生動物保育法的保護。

圖 4.16 ｜ 濁水溪與丹大溪匯流處的合流坪

圖 4.17｜丹大溪流域

4-1-7 雙龍灣

濁水溪從合流坪繼續往西到雙龍部落一帶，從這裡開始，河道漸寬，河岸的堆積面積也愈來愈大，漸漸成為沖積河谷類型。此處有一濁水溪大迴旋的地形，是由一處稱為土虱灣與雙犄角的雙龍灣形成濁水溪 360 度大迴旋（圖 4.18），最終還是朝向西奔去。

4-1-8 龍神橋：濁水溪與陳有蘭溪匯流

濁水溪通過雙龍灣之後，河道開始更加寬廣，河岸灘地面積愈來愈多，最後來到濁水溪與陳有蘭溪交會處。濁水溪混濁的黑水源自於上游岩體的結構，是脆弱的黑色片岩，水流沖刷將片岩沖蝕分解。而陳有蘭溪黃褐色的溪水則是大量土

壞層的土石崩塌導致，所以在陳有蘭溪和濁水溪匯流處是黃褐色與黑色水兩股交會（圖 4.19），最後黑色與黃色融合，繼續呈黑色的水往集集方向流動。

圖 4.18｜濁水溪遇到雙龍灣和土虱灣迴轉了 360 度又回到原來的水道路線
圖 4.19｜黑色濁水溪與黃色陳有蘭溪在水里的龍神橋處匯流

4-1-9 集集攔河堰

集集攔河堰是臺灣最大的攔河堰水庫，共有 18 座水門（排洪閘門）、4 座排砂閘門與一座魚道，長約 352 公尺（圖 4.20），並且為了保留當年興建八通關古道的石碣「開闢鴻荒」（圖 4.21），還多花了二億經費修改集集攔河堰的設計，以免水淹沒這個具有非常重要意義的文化資產。如今它被埋沒在大橋下的荒煙蔓草中，幾乎已經無人憑弔，當年開通八通關古道的雄心壯志，如今和另一座「山通大海」碑一樣，一個消失在大海，一個消失在人們的記憶深處。

集集攔河堰會利用夏季颱風期間水量較大時，將水門全數打開洩洪，一方面避免颱風所帶來的暴雨超過攔河堰的安全蓄水容量，另一方面也可以將淤積在壩體內的河砂一併排放到中下游。

2024 年康芮颱風期間集集攔河堰洩洪

＊颱風豪大雨前後，集集攔河堰進行預防性洩洪，此時水流速度快，沖刷力道強，含沙量極高，比黃河水更濁。

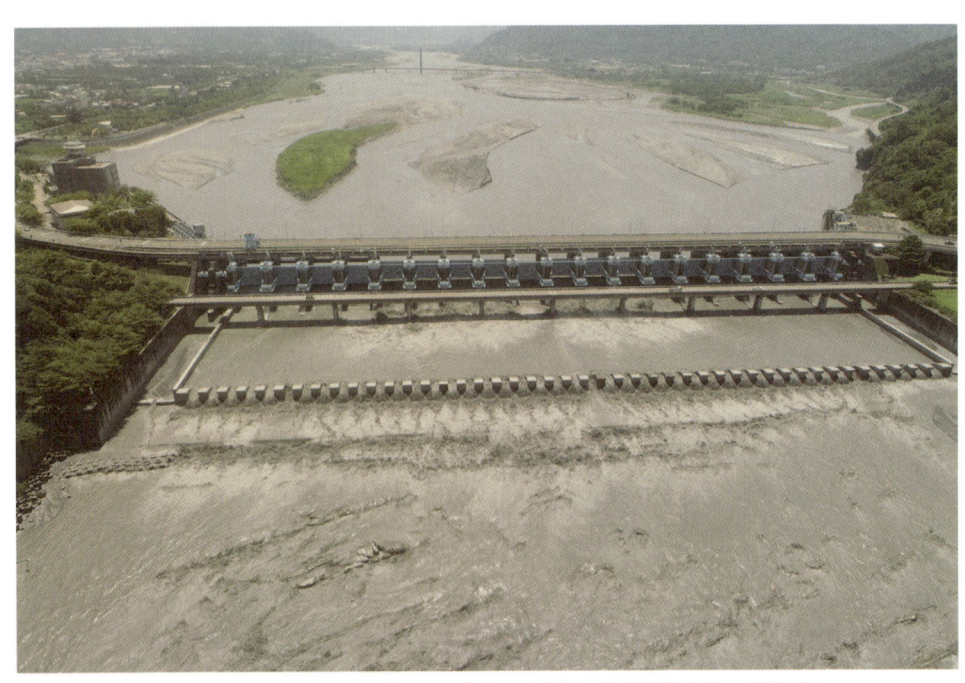

圖 4.20 ｜ 集集攔河堰 18 道水門加上最左邊的一條魚道，是臺灣工程量體最大的一座攔河堰

圖 4.21 ｜快被遺忘的清八通關石碣「開闢鴻荒」在路邊橋下的角落

空拍集集攔河堰最佳的地點是集集攔河堰觀景台，在攔河堰壩體南側山腰處，並且要注意壩體的上游方向寬約 350 公尺、下游方向約 120 公尺是紅區，不要飛入紅區範圍。攔河堰觀景台是綠區，起飛之後避開紅區範圍飛行，即可拍攝集集攔河堰大壩與蓄水區（圖 4.22）。同時要留意從獅頭山有一排高壓電線橫越濁水溪，倒退飛行時注意電線高度。冬天枯水期間，可以看出整個集集攔河堰淤砂非常嚴重（圖 4.23），怪手、砂石車不斷來回挖砂清淤，但面對如此大面積的淤積，這樣的清除工作，只要每年來一次颱風或豪大雨，更多的砂石持續灌入攔河堰蓄水區，集集攔河堰根本不可能有清淤乾淨的一天。

圖 4.23｜集集攔河堰在枯水期間裸露出來的大面積淤砂區

圖 4.22｜集集攔河堰全景

集集攔河堰的北岸沉砂池（圖 4.24）與南岸沉砂池（圖 4.25），分別將原水送往北岸八堡圳以及往南送到林內分水池，一部分輸送到濁幹線做為農業灌溉用，其他則以工業專管送至六輕工業區。

圖 4.24｜北岸沉砂池輸送至八堡圳
圖 4.25｜南岸沉砂池輸送至林內分水池

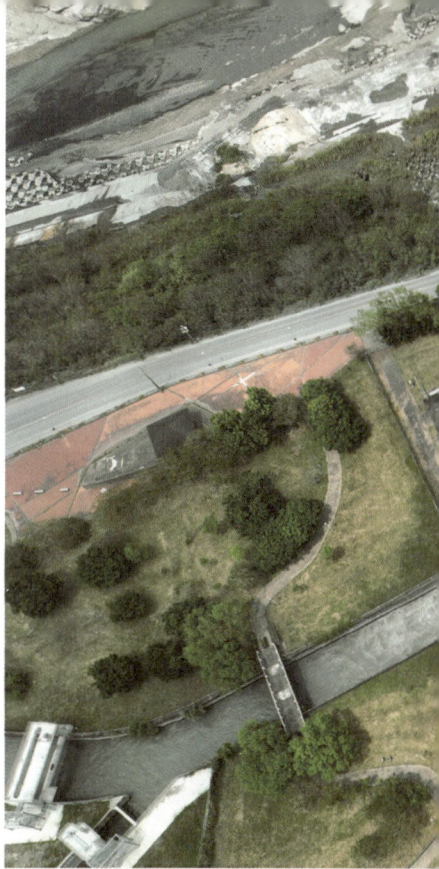

4-2 陳有蘭溪沖積河谷

陳有蘭溪自玉山山脈金門峒大斷崖發源之後，在同富與和社溪匯流，和社溪以及神木村的郝馬戛班溪源頭皆屬於嚴重崩塌地形，大量的砂石堆積在河道，因此本河段皆屬沖積河谷地形。

4-2-1 神木村

南投縣信義鄉神木村位於和社溪流域，溪流沿岸土石脆弱，經過921地震之後，土石崩落情況更加嚴重。從1996年賀伯颱風、2001年桃芝颱風，到2009年的八八風災，神木村飽受土石流嚴重破壞，沖走民宅和農田，有著土石流之鄉的悲慘宿命。神木村得此命名是因為當地有一棵世界神木網站登錄認證的全世界最高樟樹（圖4.26）。陳玉峯老師根據樹徑和實際生長狀況估計樟神木樹齡約700–1000歲左右。

圖 4.26｜利用空拍機由下往上堆疊拍攝後，再利用軟體後製成完整一棵樟神木的等身照片

樟樹是臺灣中低海拔最重要的經濟樹種之一，日治時期日本人就已經掌握全臺各地樟樹分布統計和樹徑、樹高等測量數字，完成一本臺灣樟樹調查事業報告書，登錄了全臺灣樟樹大喬木約180萬株，這是完整記錄臺灣樟樹最重要的第一手原始資料。由於樟樹具有重要的戰略與經濟價值，從日治時期到國民政府期間大量的原始樟樹被砍伐殆盡，陳玉峯老師為了留下日治時期臺灣樟樹自然史的重要見證，辛苦翻譯打字查證，終於在2020年重新出版這部記錄臺灣最珍貴的樟樹調查報告。並帶著書到樟樹公前祭祀，談到臺灣從樟樹王國到亡國的史實，由樹靈到地靈的祈福，更祈願樟樹公長存（陳玉峯，2025）。

— ● —

拍攝樟神木從神木村進入後，可跟著道路指標往神木方向開，距離神木約500公尺處，因為土石流沖蝕，既有道路非常難行，最好下車步行前往。圖4.26這張樟神木的照片，是我利用空拍機由下往上拍攝10張照片後，再利用軟體組合成的等身照片。用空拍機來拍攝樟神木，比澳洲大樹團隊利用繩索架高架索道後，再用傳統相機拍等身照片要來得有效率。

4-2-2 新鄉大崩壁

陳有蘭溪在同富與和社溪匯流之後，往下到十八重溪口處的新鄉部落有一處大崩壁（圖4.27），此崩壁大量的土石滾落至陳有蘭溪，加上和社溪沖刷下來的泥沙，導致陳有蘭溪的水色呈現黃褐色。每每經過此地，都會駐足觀察崩壁的崩落狀況。2023年時我也利用空拍立體建模的手法，建立了大崩壁立體模型，可以測坡度和土石崩塌量等資訊，做為日後若再度崩塌前後環境變遷的比對基礎。

圖 4.27｜位於新鄉部落的大崩壁是造成陳有蘭溪水呈黃色的原因之一

4-2-3 信義郡坑溪

陳有蘭溪繼續往下到郡坑溪的交會處，郡坑溪上游也是一處大崩壁，沖刷下來的土石一路堆積到陳有蘭溪河床（圖4.28）。甚至在郡坑溪一側的山壁，也因為大面積種植檳榔，水土保持不佳，導致嚴重崩塌，土石一路滑落山坡地至郡坑溪河床。

新鄉大崩壁立體建模動畫

種植檳榔山坡崩落土石於郡坑溪

＊山壁上大面積種植檳榔樹，大雨沖刷導致山壁崩落，土石流往郡坑溪推積。

圖4.28｜郡坑溪源頭是一大崩壁，土石長年往陳有蘭溪堆積，需用砂石車運輸清淤

郡坑溪

陳有蘭溪

4-3 清水溪沖積河谷

發源自大塔山的阿里山溪為清水溪源頭，大塔山以下的阿里山溪一路受到山脈的擠壓，屬於河流的山區地形。一直到豐山村與石鼓盤溪匯合，正式成為清水溪之後，因為山壁有多處崩塌，河道也逐漸變寬，開始形成沖積河谷地形。

4-3-1 瑞峰

阿里山溪和石鼓盤溪在豐山一帶匯流之後稱為清水溪，清水溪河道在這裡轉為向西，於瑞峰村開始往北轉向，繞一個大彎延伸到草嶺地質公園（圖 4.29）。清水溪在此曾有五次因颱風與地震造成土石堆積河道而形成堰塞湖的紀錄，最近一次是 2025 年 7 月 8 日丹娜絲颱風後崛沓山土石崩塌形成的堰塞湖（圖 4.30），還好三天後堰塞湖溪水自動溢流，沒有潰決造成下游的危害。

清水溪觀景台是空拍清水溪流域與堰塞湖的最佳地點，但是地處偏遠不容易到達，從梅山往太平三十六彎到太平雲梯風景區，再轉清水溪產業道路、瑞中產業道路，一路蜿蜒上下，遙遙山路好像開不到盡頭。

2025年丹娜絲颱風後土石崩塌形成清水溪堰塞湖

4.29
4.30

圖 4.29｜石鼓盤溪的源頭為幾處大崩塌地匯流的水系而成
圖 4.30｜清水溪觀景台是最適合空拍清水溪流域與堰塞湖的地點

4-3-2 桶頭堰與湖山水庫

　　湖山水庫興建計畫也是在缺水的思維下產生，在開發興建的過程中，大家對其造成的生態保育衝突和水資源利用等產生諸多質疑。從 2007 年大壩開始動工興建，儘管一直爭議聲不斷，最後湖山水庫還是在 2016 年完工正式蓄水啟用（圖 4.31）。湖山水庫屬於清水溪的離槽水庫，利用桶頭攔河堰截水輸送至斗六丘陵頂上的水庫蓄水（圖 4.32）。湖山水庫並沒有洩洪水門，而是以溢流口的方式將過多的蓄水排放到梅林溪（圖 4.33）。

—●—

　　在湖山水庫完工之後，以桶頭堰為中心和湖山水庫的範圍已經劃入紅區，因此空拍時要注意在綠區起飛，不要飛入紅區範圍，以免觸犯空拍法規。最好的空拍湖山水庫地點是在梅林溪，大壩正前方綠區的位置。

圖 4.31 ｜完工後蓄水的湖山水庫

上篇・濁水溪流域空拍誌

流淌臺灣之心：濁水溪空拍誌

圖 4.32｜利用桶頭堰輸水至湖山水庫
圖 4.33｜湖山水庫洩洪，水位滿時利用溢流水道排放至梅林溪

上篇・濁水溪流域空拍誌 ｜ 185

第 5 章

濁水溪沖積平原——二水以下到大城、麥寮

濁水溪過了集集攔河堰之後，往二水與清水溪交會，從這裡開始，濁水溪衝破八卦台地與斗六丘陵，在 1920 年日本人還未興建濁水溪堤防之前，每遇颱風暴雨，濁水溪河道便有如神龍擺尾般，在彰化端與雲林端來回擺盪，形成了濁水溪沖積平原（張瑞津，1985）。根據張瑞津老師對於濁水溪河道變遷的研究，1904 年濁水溪主流是從靠近鹿港的東螺溪（舊濁水溪）出海。隨著颱風或是豪大雨的影響，導致河流改變，濁水溪主流漸漸往彰化與雲林的交界中線移動。河流在沖積平原有特殊髮辮紋路的河道，像是麻花捲一樣交織在一起（圖 5.1），形成非常特殊的河道景觀。

圖 5.1 ｜河川沖積平原髮辮河道

186 ｜流淌臺灣之心：濁水溪空拍誌

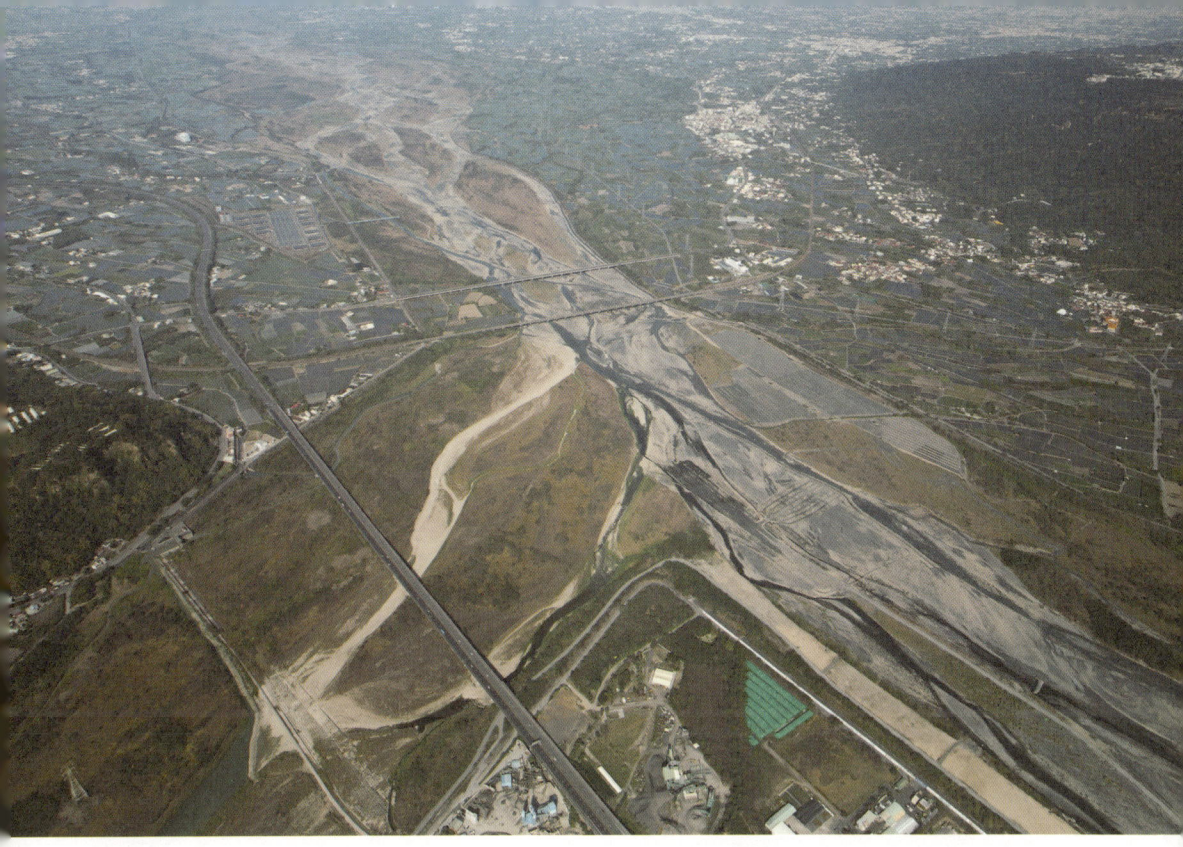

圖 5.2 ｜濁水溪、清水溪匯流穿越八卦台地和斗六丘陵之後形成濁水溪沖積平原，二水交會處就是地下水的扇頂位置

5-1 二水（濁水溪和清水溪匯合）

　　二水就是濁水溪和清水溪交會之處，這是濁水溪第二條主要支流匯入濁水溪的位置，也就是八卦台地與斗六丘陵的交會處。這裡也是百年前濁水溪水量充沛時，神龍擺尾沖出濁水溪沖積平原的起點，更是濁水溪沖積平原地下水源補注的扇頂位置（圖 5.2）。

　　過去帶二林社區大學學員拍攝兩溪交會處，拍攝地點就在濁水溪北岸產業道路上。這裡因為地勢平坦、視野開闊，是空拍機起飛拍攝非常好的地點，只可惜受限於空拍機飛行高度，在此拍攝濁水溪和清水溪交會的景象，並不能拍到最好的畫面。後來發現為何不上八卦山頂末端的松柏嶺，起飛高度可以從山頂上提升約 400 公尺，所以拍攝濁水溪和清水溪匯流最佳位置，是八卦台地南端松柏嶺的七星陣地公

園（圖5.3）。此處位於彰化平原相對制高點的重要戰略位置，國防部曾在此設立了20多座碉堡砲兵陣地來防衛濁水溪和彰化平原。後來軍事防衛功能不再使用，於是保留其中離受天宮較近的七個碉堡，以北斗七星排列方式來命名這些碉堡。因為受天宮主祀玄天上帝，北極星和北斗七星是主要代表星座，因此將此地命名為「七星陣地公園」。

圖 5.3 ｜最佳拍攝地點為七星陣地公園的天樞碉堡

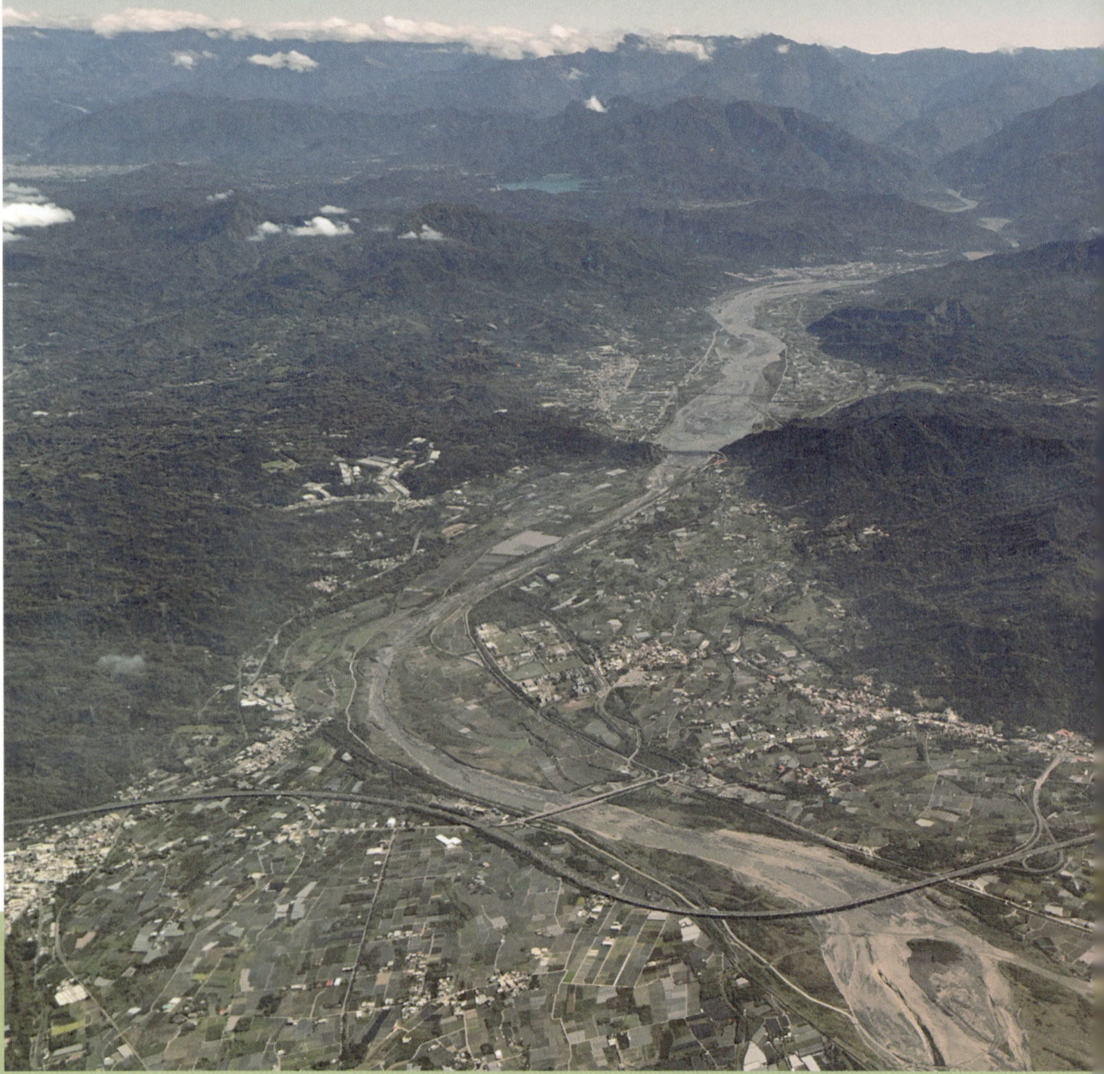

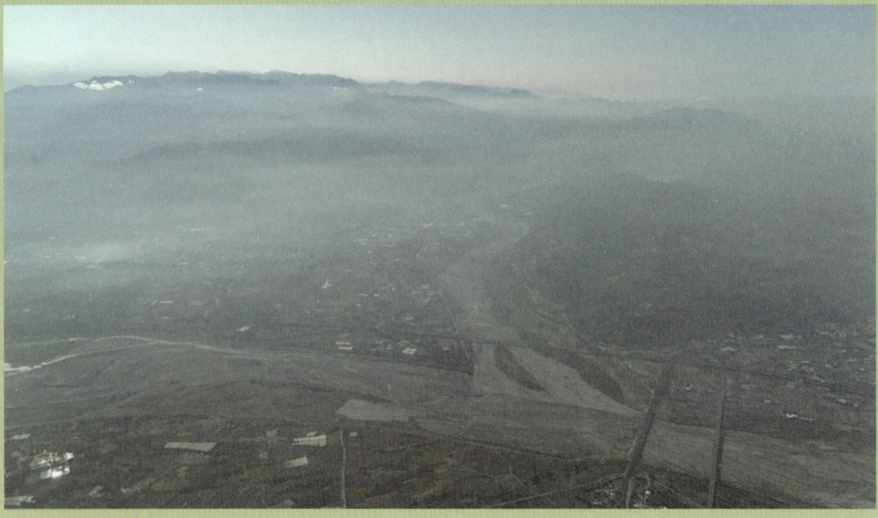

空拍地點可以選在七星陣地公園最後一個碉堡「天樞」，也是離濁水溪最近的位置，有海拔高度約 440 公尺的松柏坑山，從這裡起飛可以有更好的視野來拍攝。這裡拍攝的時間需要注意順逆光時間。如果要拍濁水溪沖積平原，則需要在早上順光時拍攝；反之，要拍攝集集方向的濁水溪河谷，就要在下午順光的時間（圖5.4）。同時拍攝時也需要注意空氣品質的霧霾指數，尤其在冬季，空氣汙染嚴重，風速小，擴散效率不好，整個山區到平原籠罩著濃濃的霧霾，完全無法拍出好的照片（圖 5.5）。

5.4

5.5

圖 5.4｜下午順光可拍濁水溪沖積河谷的集集攔河堰、東埔蚋溪匯入濁水溪匯流處
圖 5.5｜冬季霧霾嚴重，不是好的空拍時間點

5-2 八堡圳

　　八堡圳於1719年完工，引濁水溪之水從名間鄉的濁水村取水，然後在二水的鼻仔頭入圳，也就是目前香圓腳水門的位置（圖5.6）。現在濁水村還有一塊石碑記錄當年圳頭源頭，原本石碑被丟棄在荒野蔓草中，經地方人士發現後，目前放置在臺21線道路旁（圖5.7）。現今的八堡圳引水公園已經不是原有的八堡圳路線，而是集集攔河堰完工之後新建的水道（圖5.8）。從空拍照片可以看到新舊八堡圳的水路在此平行，舊八堡圳的水量較少，還供應當地部分農田灌溉之用；而新八堡圳水量充足，擔起過去八堡圳水路水源的灌溉功能。

八堡圳引自濁水溪
入水口－香圓腳水門

圖5.6｜香圓腳水門是舊八堡圳的入水口

圖 5.7 ｜位於名間鄉濁水村的濁水溪圳頭石碑

乾枯水期間由集集攔河堰供給的水量大不相同。春季一期稻作期間灌溉需求大增，八堡圳水道水源供應增加，水道上滾滾黑濁水澎湃洶湧通過的水流聲，可以感受到水的生命力。但是在枯水期間，整條八堡圳乾涸見底，時而孱弱水流，聽不見依稀的水流聲，一條水圳的兩種感覺在生命活躍和死氣沉沉之間有著天壤之別。

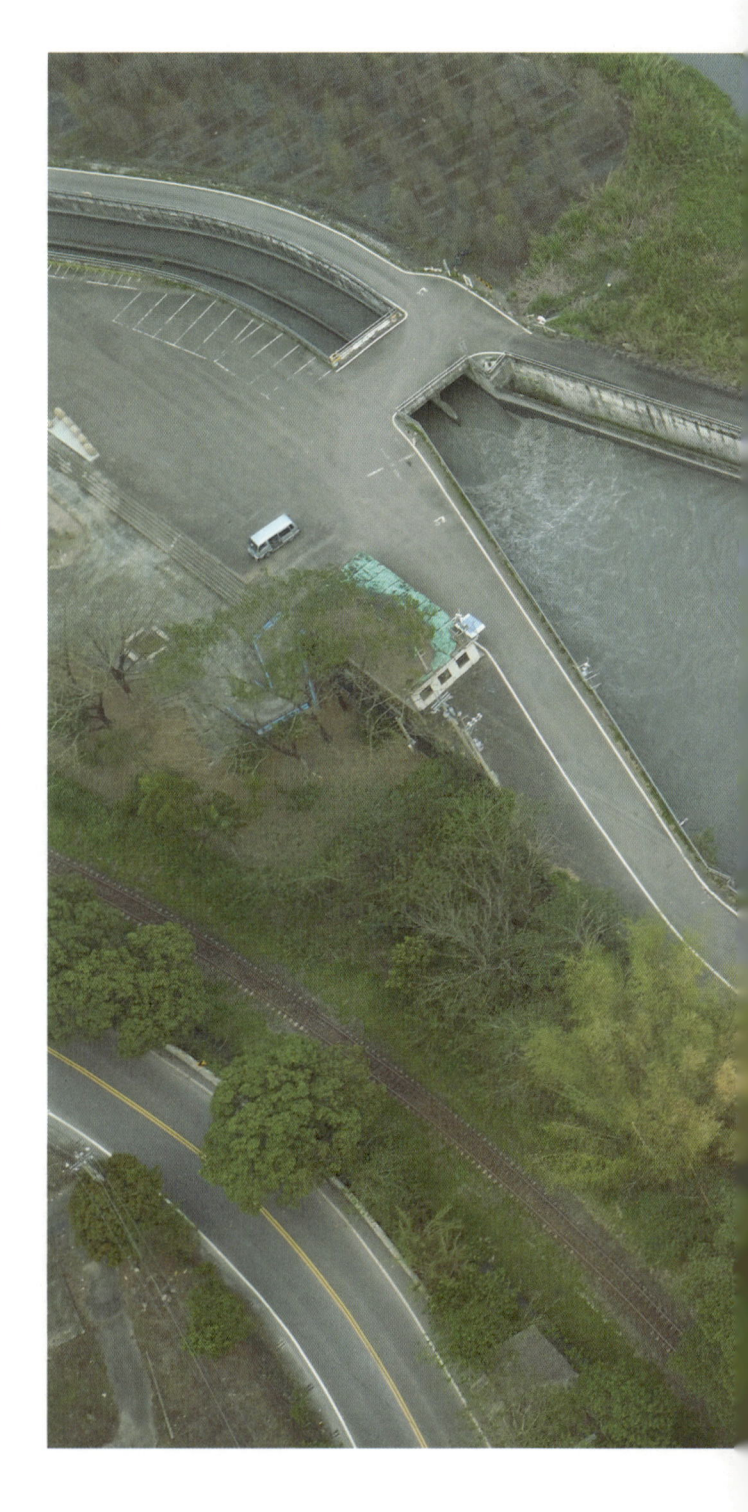

圖 5.8 ｜ 新舊八堡圳水道

上篇・濁水溪流域空拍誌 | 195

5-3 濁水溪沖積平原：舊濁水溪、舊虎尾溪

濁水溪沖積平原範圍是以目前的主流濁水溪為界，以北到彰化福興鄉的舊濁水溪，往南到現在的舊虎尾溪河道出海口。根據張瑞津老師對濁水溪河道變遷的研究，濁水溪在百年之前是以舊濁水溪為主要出海的河道。

5-3-1 舊濁水溪

舊濁水溪古稱東螺溪，在 1904 年以前是濁水溪出海口主要河道，在第 1 章的濁水溪古地圖中，經常標示出東螺溪的名字，也是目前流經彰化縣境內主要的自然河道和重要地標。拍攝舊濁水溪最佳的位置在福興鄉的福寶海堤上，這裡可以拍攝舊濁水溪出海口和向東延伸的河道（圖 5.9）。

福寶漢寶濕地是日治時期 1930 年代為了增加蔗田與農田的面積，所填出約 3,000 公頃的農業用地。由於當年填海造陸技術不發達，隨著時間慢慢出現地層下陷、土地鹽化而無法耕種的窘境，於是部分土地改成養文蛤的魚塭和酪農乳牛養殖（圖 5.10）。

圖 5.9 ｜舊濁水溪出海口是彰濱工業區

圖 5.10｜因地層下陷無法耕作的土地，被改成魚塭和白色屋頂的牛舍

這些因為鹽化而無法耕作閒置的土地，不但沒有生產農作功能，還可以領休耕補助，完全喪失土地的價值。於是，彰化縣環境保護聯盟在 1999 年率先提出福寶生態園區的概念，希望整合在地農漁產業特色，加上休廢耕農地的棲地營造，發展生態旅遊和環境教育，讓土地利用達到最佳化，也讓在地社區有新的發展願景。我們經過了五年的努力和操作，非常成功的讓福寶成為水鳥重要的度冬棲地和高蹺鴴的繁殖地，成為當年社區營造與棲地經營管理非常重要的案例和學習參訪的模範（圖 5.11）。很可惜，在地部分意見領袖看到彰化環保聯盟營造得如此成功，認為一定有龐大的經濟利益，應該讓社區自己經營賺錢，不要讓一個所謂的外來環保團體來經營牟利。對於這些地方意見

圖 5.11 ｜福寶生態園區經營管理的水鳥棲地與賞鳥屋

領袖淺薄短視的眼界,讓彰化環保聯盟的團隊相當失望,於是決定退出福寶生態園區的運作。

事實上當在地意見領袖自己接手之後,一年後就宣布放棄了!他們從來不知道營造棲地和經營管理是需要專業知識和能力,不是只看表面的遊客數量和人潮效益。以生態為核心棲地復育與經營管理,再來發展生態旅遊和環境教育,能達到損益平衡就已經是很大的鼓舞,根本不可能靠這些活動賺大錢。福寶生態園區的成功,是賺到人、產業、土地和生態共存共榮的價值,而非旅遊商業活動所帶來的價格。如今福寶生態園區曾經的盛況早已不再,而我們曾經引以為傲的賞鳥屋和賞鳥牆被拆除殆盡,原先經營的水鳥棲地也被填置事業廢棄土(圖 5.12)。福寶曾經的風華與夢想,就因為少部分人貪圖眼前的私利,終究消失在歷史的舞台,如今想起不勝唏噓。

圖 5.12 | 曾經是中部海岸賞鳥的重要景點,如今賞鳥屋拆遷,遭填事業廢棄土,如此破敗慘狀令人扼腕嘆息

5-3-2 舊虎尾溪

在雲林端的舊虎尾溪沿線，主要仍保持著農田耕作的狀態，整個環境保存得非常良好。空拍舊虎尾溪的最佳地點是在臺西鄉 61 線西濱快速公路與 78 線快速道路交界處的堤岸上，這裡只要不要飛越兩條快速道路交流道的紅區即可。從這地方可以看到舊虎尾溪的出海口，緊鄰雲林離島工業區的臺西區出海，如此景象像極了舊濁水溪出海口緊鄰著鹿港工業區的模樣（圖 5.13），這樣的巧合不曉得是該哀傷還是驚喜？哀傷的是兩條濁水溪曾經走過的水道，最終命運居然如此相似，出海口環境都被開發成工業區。

圖 5.13｜舊虎尾溪出口緊鄰著臺西鄉的魚塭和工業區，與舊濁水溪出口地貌非常類似

上篇・濁水溪流域空拍誌

5-4 溪州、竹塘、大城、西螺、崙背和麥寮

溪州、竹塘、大城、西螺、崙背與麥寮是濁水溪沖積平原南北對望的鄉鎮，屬於沖積河谷最精華的區域。從空拍照片可以看到濁水溪兩岸的高灘地是滿滿農田景象，尤其在西螺和崙背，一大片綠網種植的面積，是全臺灣最大網室蔬菜的產區（圖5.14），在齊柏林導演《看見臺灣》中也出現兩次這個畫面。

西螺果菜市場是臺灣最大蔬果產銷中心，每天為全臺各地供應萬噸蔬菜；竹塘、大城最美的地貌也是稻田和蔬菜田，四方整齊規劃的農地生產最好吃的濁水米和蔬果。不同季節不同的農作品種，為土地妝彩不同的顏色。莿仔埤圳也從溪州這裡開始進入河堤內，展開往二林、芳苑和大城的灌溉系統（圖5.15）。

圖 5.14 ｜ 西螺網室蔬菜田

圖 5.15 ｜濁水溪水與舊八堡圳的水進入溪洲莿仔埤圳的起點

在沖積平原的濁水溪髮辮河道是最主要特徵，彎曲的河道交織，在春天配合著藻類植物生長（圖5.16），在秋天則長滿了甜根子草，彷彿一片白雪世界（圖5.17）。從溪州開始的濁水溪河道是國軍砲兵訓練靶場，這裡是濁水溪河道最寬的範圍，也是河道被颱風及豪大雨沖刷非常嚴重的區域（圖5.18）。

圖 5.16｜髮辮蜿蜒的河道，加上綠色藻類的生長，妝點濁水溪河道之美
圖 5.17｜秋天時節濁水溪河道滿滿的甜根子草
圖 5.18｜濁水溪沖積平原河道最寬之處

上篇・濁水溪流域空拍誌 | 205

彰化端和雲林端在河岸堤防上各設置了 16 座觀測塔，上面若掛紅旗就是火炮射擊訓練期間。國軍以消波塊做為標靶，放置在至少離陣地 2 公里以上的河道進行砲兵射擊訓練（圖 5.19）。

圖 5.19｜溪州段的濁水溪河道為國軍砲兵射擊訓練範圍，著色的消波塊是炮擊的目標

第 6 章 濁水溪出海口

出海口就是半淡鹹水交會感潮帶，是海洋與河川營養鹽、能量產生交互作用的區域，其生產力最高、生物多樣性豐富度高，與熱帶雨林和珊瑚礁為地球前三大重要生態系統。

6-1 彰化端臺西村、雲林端橋頭村

濁水溪一路挾帶大量泥沙來到出海口，河口景觀十分壯觀（圖 6.1）。彰化大城鄉臺西村與雲林麥寮鄉橋頭村是靠近濁水溪口最近的兩個聚落（圖 6.2、圖 6.3），過去這兩個村以魚塭養殖、花生和西瓜等農漁產業為主，一直都是邊陲地帶，被認為是風頭水尾，沒有好的產業發展條件。所以當年六輕選址在麥寮時，大家還迎神賽會，鑼鼓喧天，歡迎六輕帶來的建設和就業機會。事實上六輕的確帶來了很多就業機會，卻都是外包商的專業技術工作人員和外勞居多，這些人的進駐確實讓餐飲業有較好的發展，但原本的農漁產業就沒有那麼幸運了。由於六輕偶發的工安爆炸事件（圖 6.4）排放的汙染物，以及長年排放累積的致癌汙染物（揮發性有機物、多環芳香烴和重金屬）與傳統的空氣汙染物（二氧化硫與氮氧化物），導致整體的空氣品質顯著下降。特別是養殖漁業的虱目魚，經常在大雨過後，從空氣中洗下的汙染水質讓魚群大量暴斃。而居住在六輕 10 公里內滿五年的居民，尿液中石化汙染指標金屬都有增加的

圖 6.1｜濁水溪口環境
濁水溪口堆積的泥沙受到河水沖刷、海水漲退潮和颱風暴潮等作用力的影響，雕琢出層次變化的沙丘景觀。

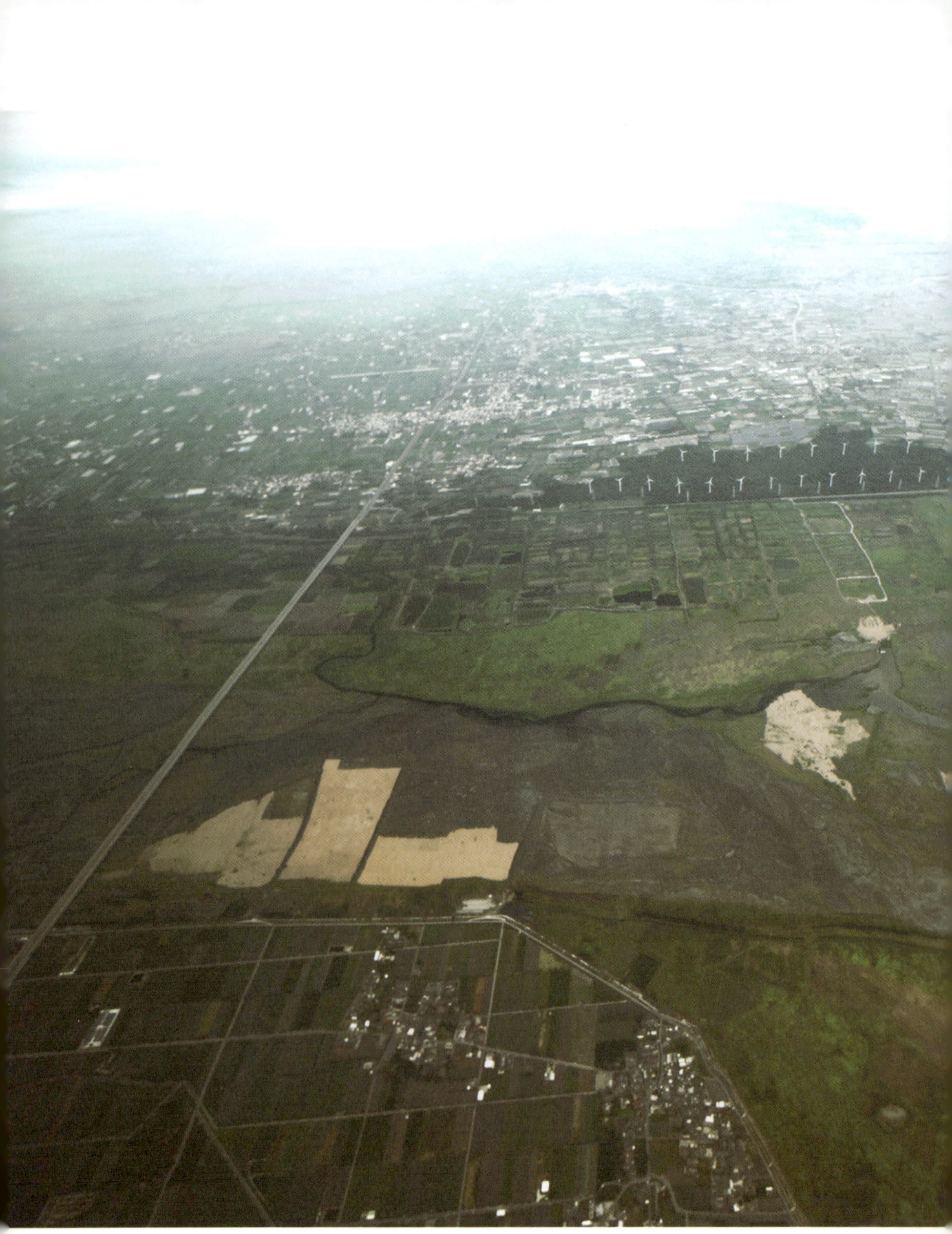

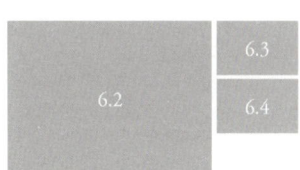

圖 6.2｜一溪之隔的大城鄉臺西村是離六輕最近的聚落，以鄰為壑，目前當地居民罹癌的比例趨勢也愈來愈明顯，被冠上彰化癌症村的汙名

圖 6.3｜位於濁水溪南岸麥寮鄉的橋頭村，緊鄰著六輕工業區

圖 6.4｜2019 年六輕工安意外爆炸事件

上篇・濁水溪流域空拍誌 ｜ 211

現象，同樣肺、肝、腎功能與心血管系統也受到影響（詹，2011）。

而大城鄉也曾經面對國光石化開發的誘惑，同樣是創造就業機會和促進地方繁榮的願景，帶給當地居民有翻轉貧窮的可能。我們當然希望大城鄉能夠有更好的經濟效益來改善居民的就業和發展，但是難道只能靠石化工業嗎？

經濟發展的選項和想像，不是只有工業，在濁水溪沖積平原上最大資產就是農漁產業和伴隨這塊土地所產生的文化資產。例如彰化西南角四鄉鎮應該整合成一個策略聯盟的夥伴關係，由大城提供農漁產品給芳苑、王功生態旅遊的遊客，芳苑發展多樣化淺海體驗、海牛蚵車等無形文化資產的生態旅遊。這樣互補優缺點，提升在地產業附加價值，才是符合環境永續、土地倫理的發展方向。

— ● —

濁水溪口空拍範圍都是綠區，可以在濁水溪河堤上的空地起飛，往西邊拍攝出海口，往南可拍六輕工業區。我很喜歡帶二林社區大學的學員和臺西國小的小學生來此空拍，這塊人跡罕至的海岸河口區太少被人關注，希望透過在地的觀察記錄，留下濁水溪出海口的美麗景象，讓濁水溪口的美景有更多人關注和讚賞。只可惜這裡的空氣汙染

圖 6.5 ｜霧霾嚴重的濁水溪口

霧霾情況相當嚴重，經常明明是陽光普照無風的好天氣，拍出來的空拍照片卻是霧濛濛一片（圖6.5），只有夏天南風吹襲的季節能有幾次的乾淨空氣，才能拍到壯觀的濁水溪口景象。

6-2 濁水溪口濕地

濁水溪口濕地是指濁水溪的沙在出海口往北和往南所堆積出來的潮間帶濕地，南北兩岸加起來的面積可達 8,000 公頃以上。只是六輕石化工業區（圖6.6）於濁水溪口南岸的麥寮已經填海造陸 2,255 公頃，就剩下濁水溪口北岸濕地，從大城到芳苑、二林溪口一帶，是全臺灣僅存最大的河口泥質潮間灘地（圖6.7）。

圖 6.6 ｜濁水溪河口南岸被填海造陸開發為六輕工業區

圖 6.7 ｜濁水溪河口北岸是臺灣僅存最大面積的河口泥灘濕地

上篇・濁水溪流域空拍誌 | 215

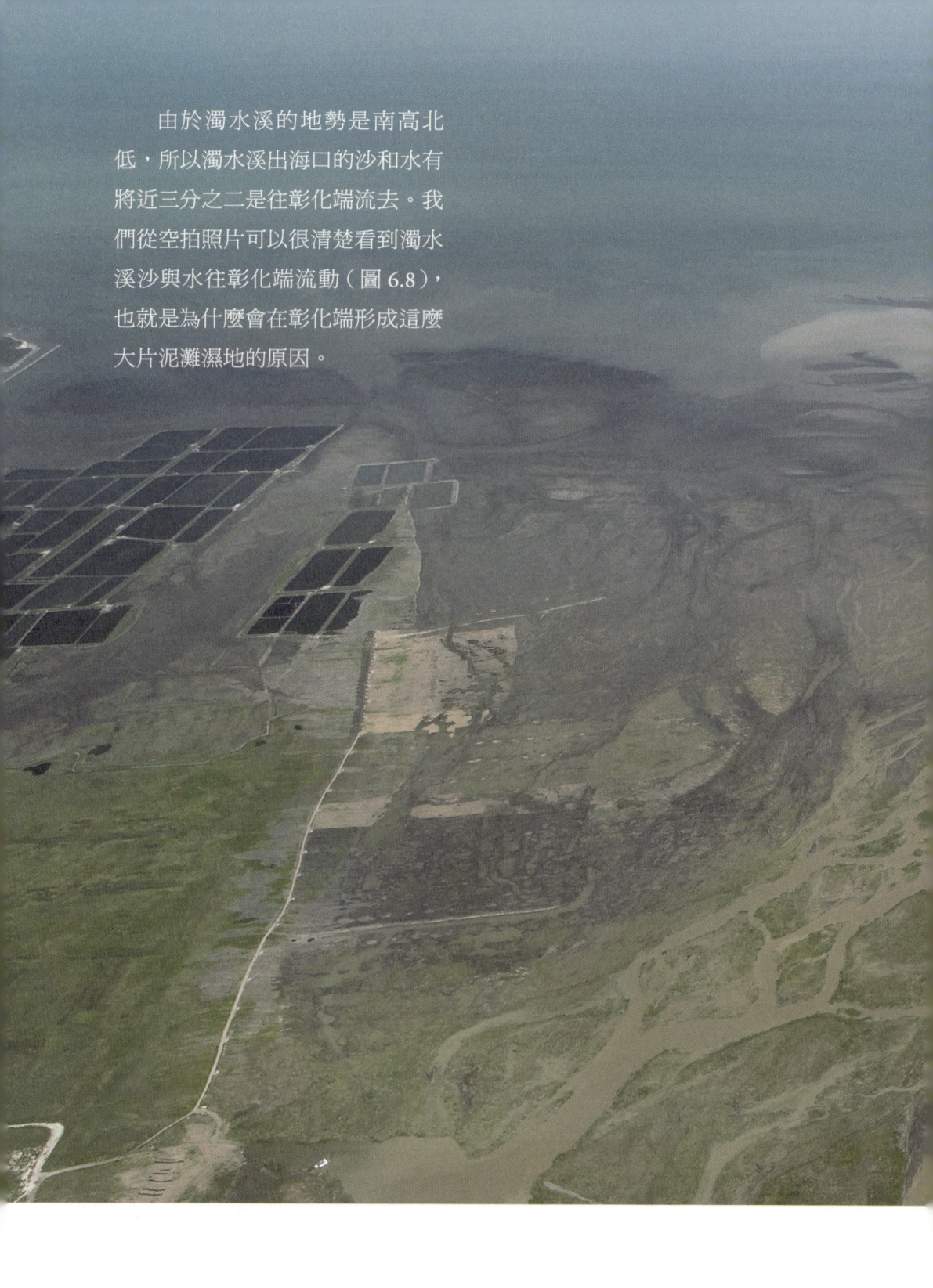

由於濁水溪的地勢是南高北低，所以濁水溪出海口的沙和水有將近三分之二是往彰化端流去。我們從空拍照片可以很清楚看到濁水溪沙與水往彰化端流動（圖6.8），也就是為什麼會在彰化端形成這麼大片泥灘濕地的原因。

圖 6.8 ｜濁水溪因地勢南高北低，沙和水大部分往彰化端流動

濁水溪口潮間帶泥灘地是臺灣僅存最大的河口濕地，北從淡水河口，南到高屏溪口，都沒有一處河口有這麼寬大的潮間帶。這裡有淺灘牡蠣養殖，有文蛤貝類底棲生物資源供人採食，也是東亞澳洲水鳥遷徙線上的候鳥非常重要的過境與度冬能量補給站。具有這麼重要的濕地功能與價值，早在 2006 年內政部營建署濕地保育諮詢委員會即認定濁水溪口濕地有重要且無可取代的地位，應公告為「國家級重要濕地」，甚至在 2009 年的審查會議上直接將濁水溪口濕地提升為「國際級重要濕地」。但最後行政院竟然因為這裡要開發國光石化，暫停公告彰化海岸濕地為國家級或是國際級重要濕地。目前根據《濕地保育法》，在臺灣屬於國際級濕地的有 2 處，為國家級重要濕地的有 51 處，濁水溪口濕地的重要性絕對夠資格列入臺灣國家重要濕地的名單中。

國光石化在 2011 年宣布停建之後，至今環保團體每年仍提案希望濁水溪口濕地能盡快公告為國家級或是國際級濕地，卻每每遭遇當地支持國光石化的意見領袖到營建署抗議，最後總落得無疾而終。濁水溪口濕地遲遲未能得到法律位階的保障，實在是臺灣濕地保育史上最大的恥辱，期待有一天濁水溪口濕地能得到她應該有的光榮地位。

6-3 外傘頂洲

外傘頂洲是臺灣西海岸外最大的沙洲，沙洲與沙洲中有缺口讓海水進出，退潮期間潮水不會全部退乾，像這樣沙洲包覆著海水的地形叫做「潟湖」（Lagoon）（圖 6.9）。濁水溪以南，雲林、嘉義到臺南一帶，都屬於潟湖海岸地形。雖然外傘頂洲位於雲林、嘉義的北港溪交界處，但是它的主要沙源仍然來自濁水溪，這是濁水溪沙用盡最後的力氣所堆積而成。目前臺灣最大的潟湖是外傘頂洲，而非七股潟湖。七股潟湖因為魚塭填海擴張，面積已經縮減。而且濁水溪口南岸因六輕工業區填海造陸，阻擋濁水溪的沙往南流動，經過衛星影像從 1990 年到 2017 年的監測分析發現，外傘頂洲南端已經向內退縮，潟湖面積

圖 6.9 ｜外傘頂洲是臺灣最大的沙洲與潟湖環境

也在縮小中，而沙洲體積則從 18.8 百萬立方公尺減少至 10.3 百萬立方公尺（彭等，2019）。

—•—

目前外傘頂洲範圍是紅區，為國軍嘉義空軍基地的飛航情報區。我拍攝外傘頂洲時，空拍法規尚未實施，還有機會拍到外傘頂洲的樣貌。目前要空拍外傘頂洲，需要向民航局和空軍單位申請，但隨著臺海情勢緊張，這裡經常有F-16戰鬥機起飛，因此不建議在此起飛無人機，以免造成不必要的意外。

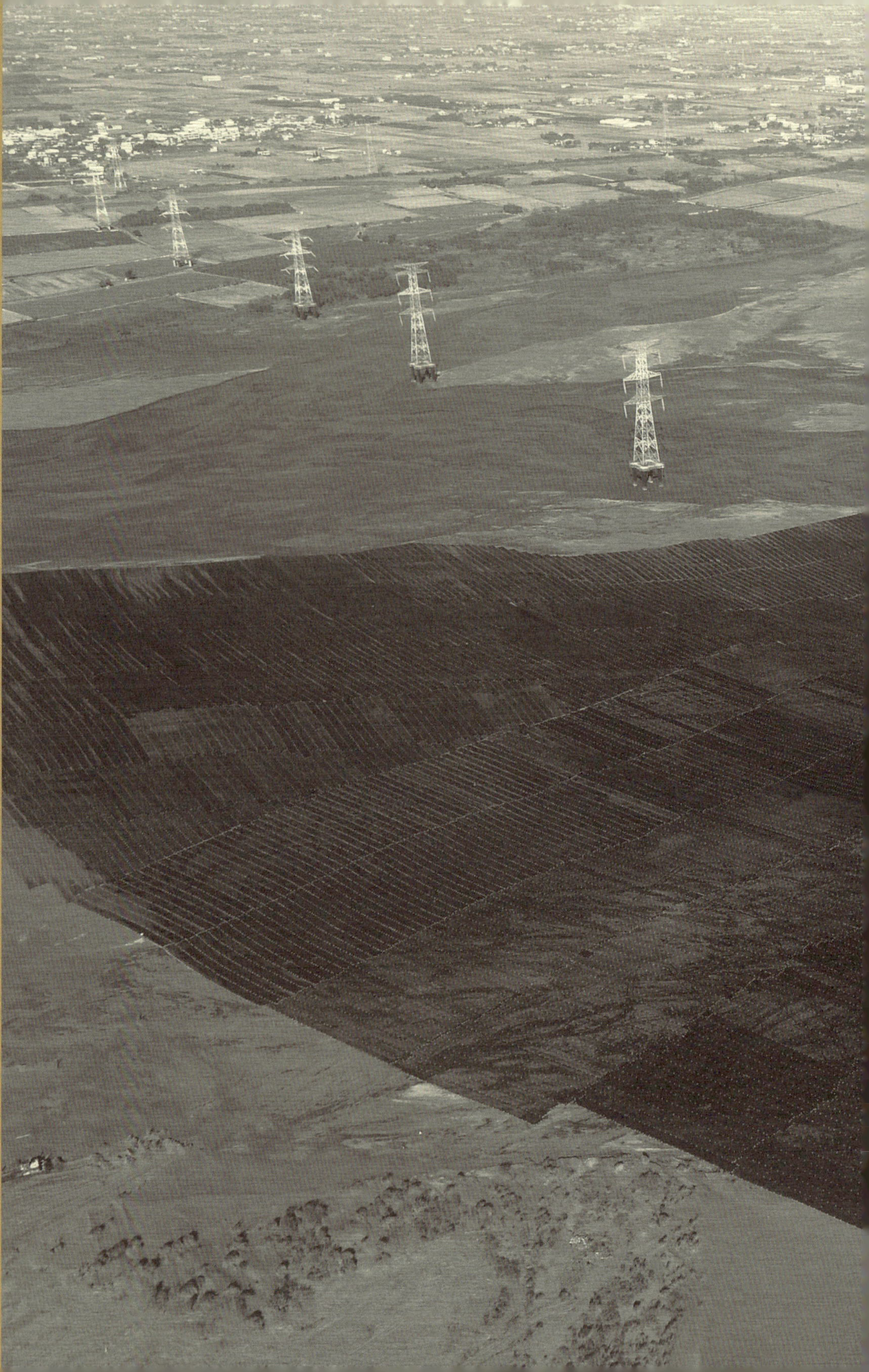

|下篇|
濁水溪開發利用議題解析

第 7 章 濁水溪的開發利用

　　一個重要的文明和城市必定伴隨著一條重要的河川，濁水溪亦復如是。所以從臺灣有明確文字歷史紀錄的年代開始，濁水溪一直扮演著舉足輕重的角色。

　　荷蘭統治期間多以南部的大員（臺南安平）、新港（新市）、善化、蕭壠（佳里）和麻豆一帶為主，並沒有在中部濁水溪流域有太多的作為。而明鄭時期因為多在與清廷對抗，僅僅只有 21 年，且主要統治與勢力範圍也都在南部一帶，因此對於中部濁水溪流域的開發利用相對比較少。

　　臺灣在明鄭清朝之前的農業生產以濁水溪為界，有「南糖北米」之說。是因為濁水溪以南的嘉南平原缺少水圳灌溉系統，於是以旱作的蔗田為主；而濁水溪以北則有比較完善的農田水利灌溉，以生產稻米為主。直到日治時期，在嘉南平原開闢烏山頭水庫、嘉南大圳和濁幹線等灌溉系統之後，這種情況才終於改變，讓嘉南地區的農田可以開始生產稻米。

　　濁水溪水資源的第一階段做為農田水利灌溉系統，奠立了臺灣民生生活糧食供應的基礎；第二階段是從日治時期開始的水力發電功能為主，另外有雲林開闢的濁幹線和斗六大圳；第三階段則是民國時期，濁水溪的水資源做為工業服務之用，集集攔河堰斬斷了濁水溪流域最後的水源，濁水溪的命運徹底翻轉。

7-1 清領時期（1683–1895）：彰化平原的農業灌溉

7-1-1 八堡圳

在清朝統治期間，對濁水溪水利資源利用最重要的，就是彰化平原八堡圳的引水灌溉系統。彰化平原是由濁水溪黑色水土所沖積形成的肥沃土地，但因缺乏穩定水源的灌溉系統，使得農地耕作生產力無法提升。由於南彰化地勢較高，濁水溪水圳往北彰化開鑿是最容易施工的，於是在1709年，前來彰化開墾的地方仕紳施世榜集資興建八堡圳，並於1719年完工。八堡圳自濁水溪引進入水口後，分成八堡一圳和八堡二圳：一圳幹線全長33公里，有14條支線和24條分線；二圳幹線全長29公里，有17條支線和19條分線。

所謂的八堡圳，就是這條灌溉系統涵蓋了八個主要聚落，也就是東螺東堡（二水鄉和溪州鄉東部、田中鎮西部和田尾鄉中西部）、東螺西堡（北斗鎮和溪州鄉西部、埤頭鄉中南部）、武東堡和武西堡（員林市南部和社頭鄉中部、田中鎮東部）、燕霧上堡和下堡（花壇鄉和秀水鄉東部）、線東堡（彰化市中西部、和美鎮東部）和馬芝堡（鹿港鎮、福興鄉、秀水鄉西部、埔鹽鄉中東部和溪湖鎮東北部）。可見八堡圳的灌溉面積相當大，約有21,400公頃（行政院農業委員會，2009），往北到鹿港、福興、和美、線西，幾乎囊括到大肚溪的水域。

在八堡圳灌溉系統完成後，農業生產從稻米「一年一熟」提升到「歲可兩熟」，彰化平原稻米產量因此大幅增加，成為臺灣人最主要的糧食來源和生產基地，所以濁水溪被稱為「臺灣母親之河」，就是因為濁水溪水灌溉產生的糧食養育臺灣人，像是母親的乳水養育嬰兒長大一樣的功能。

7-1-2 莿仔埤圳

濁水溪第二個重大灌溉工程就是莿仔埤圳的興建。其最早是在乾隆年間由鹿港人陳四芳所集資興建（洪，2020）；日治時期1907–1910年間，日本人為了延伸濁水溪下游的灌溉系統，要求當時的水圳管理

者將管理權交給政府，並以原水圳基礎繼續往溪州、埤頭、二林和芳苑等區域延伸開鑿水道，總長約23公里，莿仔埤圳從此成為臺灣第一個官方水圳。而且由於莿仔埤圳灌溉系統的建立，使原本為旱田的區域在水圳主流和支流的灌溉下，有多達17,000多公頃的農地得以種植水稻，對於彰化稻米產量的增加功不可沒。

莿仔埤圳的重要性不亞於八堡圳，八堡圳灌溉區屬於靠近八卦山麓的內陸農田，而莿仔埤圳則是沿濁水溪延伸到靠海農田，這兩大水圳造就了彰化濁水溪平原最大的稻米生產量，以及其他蔬果、花卉產業。濁水溪肥沃的水土生產出最高品質的濁水米，同時也造就彰化縣是臺灣農業大縣的地位。

7-2 日治時期（1895–1945）：水力發電與雲林平原農業灌溉

7-2-1 日月潭水力發電計畫

日本為了加速臺灣的工業化進程，需要龐大穩定的電力供應，除了發展火力發電之外，水力發電亦是重要的發電系統。在日治初期開發的水力發電是以新店溪流域（南勢溪與北勢溪匯流處）進行試驗，興建了小規模川流式的龜山和小粗坑水力電廠，以及新龜山與烏來水力電廠等。所謂的川流式，就是透過水流落差通過，推動水力發電機組來發電，並沒有建造水壩形成水庫的蓄水工程。1920年之後，隨著工程技術提升和控制河川水資源的大壩建設觀念興起，濁水溪流域豐沛的水資源便進入日本人的視野，開啟了濁水溪現代化水力發電機組和水庫群的建設計畫。1917年臺灣總督府請山形要助博士負責水利調查工作，以利用臺灣第一大天然湖泊日月潭為主池的概念，積極規劃「日月潭水力發電計畫」。

由於日月潭本身是由盆地凹陷結構匯流環山地下水所形成自然蓄水的天然湖泊，並沒有其他河川河水的注入，為了讓水力發電系統運作之後水源能持續進入，勢必要貫通山脈，開鑿水圳，讓日月潭有足

圖 7.1｜日月潭引水計畫系統使日月潭成為濁水溪的離槽水庫，以日月潭為上池，供應下池的大觀電廠進行水力發電，餘水又供應給明潭水庫，再次用於水力發電

夠的水源補注，因此規劃了武界壩引濁水溪河水注入日月潭，以增加日月潭的蓄水能量，提供水力發電之用。於是武界壩成為日治時期濁水溪的第一個水利設施，從此日月潭也從天然湖泊轉變成為半人工的濁水溪離槽水庫（圖7.1）。

日月潭水力發電計畫整體項目包含武界壩本體、武界壩引水隧道和做為下池的大觀電廠，以及頭社壩、水社壩等建設工程。從1919年開始動工，沒多久就發生第一次世界大戰，導致工程經費暴增，工期受到延宕；1923年又遇上關東大

地震，受賑災費用的排擠，使得日月潭水力發電工程經費短絀而暫時停工。日月潭水力發電計畫幾經波折，終於在 1934 年正式完工，從群山中鑽出總長超過 15 公里的引水隧道，濁水溪水開始經由武界壩引水隧道灌入日月潭，使得日月潭面積從原本的 5.75 平方公里增加到 7.93 平方公里（圖 7.2、圖 7.3），最大儲水有效容量達到 1.24 億立方公尺，水深最高可達 27 公尺。

日月潭的水力發電計畫是以日月潭為中心的主池，再利用水位重力差和加壓銅管將水引流入下池水里鄉日月潭第一水力發電所（今大觀發電廠大觀一廠），推動五部水輪發電機組，可產生高達 10 萬千瓦的電量，當年足夠供應全臺灣的用

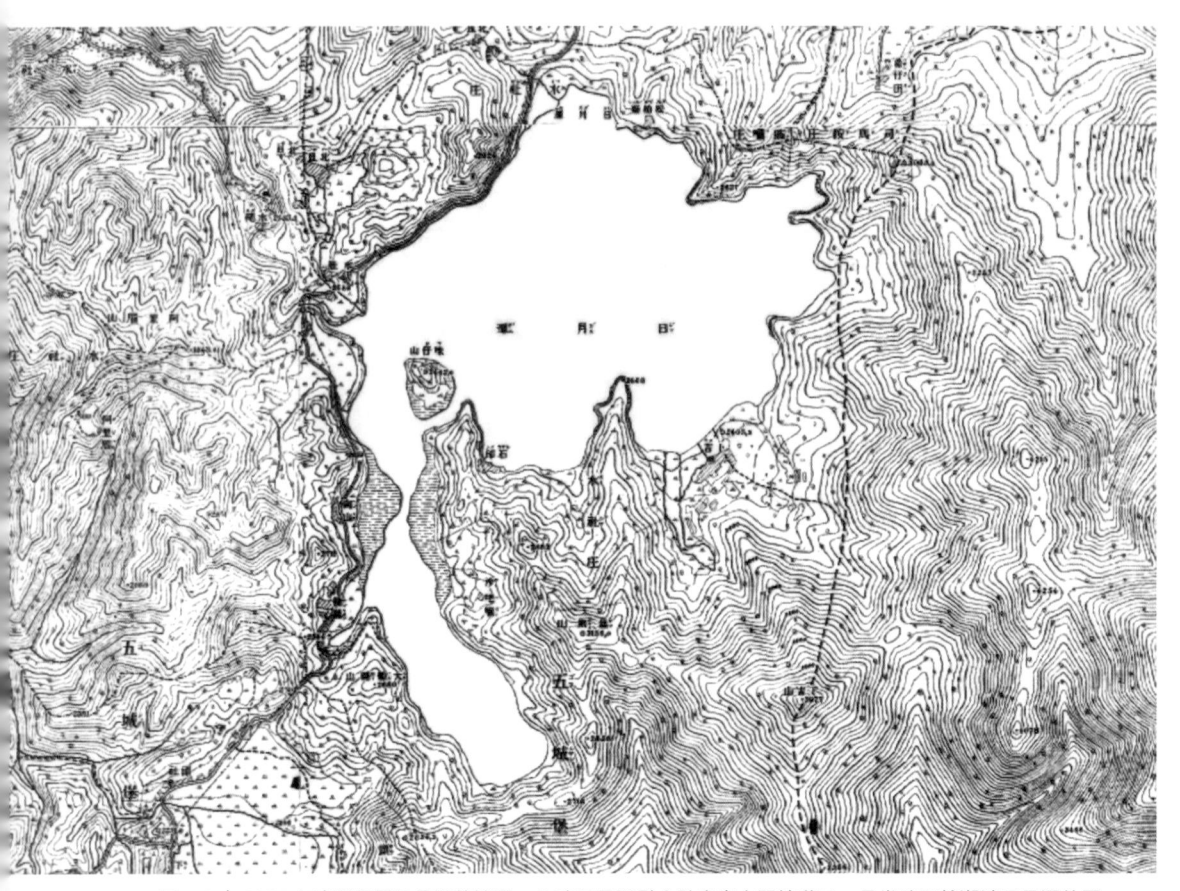

圖 7.2｜1905 年臺灣堡圖日月潭的範圍，此時日月潭引水計畫尚未開始動工，是當時天然湖泊日月潭的原貌（圖取自臺灣堡圖 publicdomain.tw，CC0 1.0）

圖 7.3｜以現代衛星地圖與臺灣堡圖堆疊後可以看出日月潭增加的面積，其中邵族的祖靈聖地拉魯島因為日月潭水位增高而面積減少最為顯著（圖取自臺灣堡圖 publicdomain.tw，CC0 1.0，改作 adapted）

電需求。這五根巨大的壓力銅管一直留用到現在，這是臺灣第一座抽蓄式的水力發電廠。

幾經波折終於完工的日月潭水力發電計畫工程後，日本人又規劃往濁水溪上游的霧社興建水壩和水力發電廠，以萬大水庫與日月潭水庫為兩大核心，企圖將濁水溪的水利資源發揮到極致，串聯形成臺灣最大系統性水力發電設施群（簡，2024）。於是在 1936 年開始規劃興建萬大水庫與萬大發電廠，但 1939 年動工之後，隨即爆發 1941 年的太平洋戰爭，由於戰事愈演愈烈，導

致資源與經費短缺，1944年被迫停工，僅僅完成壩體6%的進度。此後，日本因二次世界大戰戰敗離開臺灣，國民政府接手後尋求美國人的經費與技術協助，才讓萬大水庫的發電計畫得以順利進行。

美國墾務局後來重新設計了大壩結構，從直壩改為拱型壩，並裝置兩部水輪發電機，容量為20萬7千7百千瓦。萬大水庫終於在1957年完工啟用，兩部發電機組開始蓄水發電，整體工程於1960年興建完成。武界壩從1917年規劃到1934年完工，一共歷經17年；而萬大水庫從1936年規劃到1960年完工，則歷經24年之久，這兩個濁水溪重大水力工程都經歷了戰爭、天災、經費與物資短缺，耗時耗力，終於完成水力發電的使命，可謂同溪同命，命運多舛。

— ● —

其實日本地質學家早坂一郎早在1934年日月潭水力發電工程完工時，便以地質學角度看到臺灣各地嚴重的侵蝕現象，並指出：「進行日月潭電力工事時，必須注意岩盤不安定的問題，以及對自然、人文的衝擊。」（歐，2023）事實上武界壩攔截了濁水溪大量的泥沙，雖然設有排砂水道，但因為壩體上游淤積嚴重（圖7.4），目前有效蓄水容量率僅剩下7.14%（涂，2016）。而萬大水庫的結果與武界壩一樣，萬大水庫攔截了來自塔羅灣溪的大量泥沙，且當年的莫拉克風災也帶來大量泥沙，使得萬大水庫蓄水率不到原設計的一半。早坂一郎的先知灼見早已經預告在濁水溪進行任何水利工程必定是失敗的命運。

圖7.4｜嚴重淤積的武界壩

下篇 • 濁水溪開發利用議題解析 | 229

圖 7.5 ｜從濁水溪引入林內分水工的濁幹線系統

7-2-2 濁幹線、斗六大圳

濁幹線是1920年日本人八田與一所規劃創設的，北起林內濁水溪分水工的八卦池，南至元長的北港溪，總長度約33公里（圖7.5），是嘉南大圳與烏山頭水庫的先期作業設施。濁幹線的水供應給濁水溪發電所進行水力發電，再將電力輸送到烏山頭水庫提供給工程施工之用。同時，濁幹線也導入1923年完工的新虎尾溪別線和整合既有舊河道，形成濁幹線的灌溉系統，可以供水給二崙、崙背和麥寮等農地，灌溉將近34,500公頃的農田。在集集攔河堰完工之後，濁幹線主要供水來自南岸聯絡道水渠第二、三號取水口，流入林內分水工的八卦池後，往西螺、崙背灌排輸送，成為雲林最重要的農業灌溉系統。

甚至在2022年國家發展委員會還通過一項「濁幹線與北幹線串接工程計畫」，在北港溪附近要將濁水溪的濁幹線水圳和烏山頭水庫嘉南大圳的北幹線連接起來，如此串連濁水溪與曾文溪水資源，希望提高豐水期水資源的運用效率，提供雲嘉南地區農業與民生用水的穩定性。但其實由於氣候變遷，在降雨

極端化之下，工業與農業、民生用水的競爭愈趨激烈，水資源永遠是分配不均的，甚至常常是犧牲農業而優先提供工業用水。對於濁水溪沖積平原農業首都的雲林而言，濁水溪水原本就應該以供應農業灌溉和民生用水為優先，在農業區建設工業區本就是互相衝突的土地利用和資源錯置。

雲林另外一條重要的灌溉系統則是斗六大圳，這是民國時期首度由臺灣人自行設計興建的水利灌溉系統，用於灌溉斗六一帶約 1 萬多公頃的農地。

7-3 民國時期（1945–至今）：以服務工業為核心的集集攔河堰

7-3-1 萬大水庫開發計畫

濁水溪從霧社下去到萬大這一段，因為落差較大，日治時期日本人在此啟動了濁水溪第二個水利設施——萬大水庫的興建。萬大水庫又稱霧社水庫，興建主要目的還是水力發電，1936 年開始規劃，原始設計是 97 公尺高的直立壩體，於 1939 年動工興建。水庫興建的洪泛區也影響當地賽德克族人的遷村，原來的萬大社就遷居至更下游的親愛部落。1941 年日本發起太平洋戰爭，亞洲的二次世界大戰開打，隨著戰事日益擴大，日方大部分的經費資源都投入戰場，已經無暇顧及大壩的興建且進度緩慢，至 1944 年停工僅完成壩體 6% 的工程。戰後1953 年臺灣接受美國的援助，重啟萬大水庫壩體興建工程，把原先的直線立壩改為拱壩設計，至 1957 年壩體完工，萬大水庫正式興建完成（圖 7.6）。一直到 1960 年萬大水庫水管連接水力發電機之後，萬大水力發電計畫才算整體完工運作。

—●—

只要是人為興建壩體改變河川自然流動的特性，必定造成壩體上游水流速變慢而淤積，壩體下游因放流水的沖刷力道強而造成侵蝕現象。萬大水庫集水區水土保持問題歷經莉娜、賀伯颱風和莫拉克風災等影響，濁水溪攜帶大量的泥沙，就在蓄水不到 30 年，萬大水庫的淤積問題已引起關注。

圖 7.6｜二次世界大戰之後由美國墾務局重新設計之拱形壩取代日本設置的直壩
萬大水庫拱形壩體落差高達 114 公尺，設計有兩道弧形閘門的溢洪道，如遇水庫滿水位洩洪時，高達 100 多公尺的水瀑傾瀉而下甚是壯觀。

下篇・濁水溪開發利用議題解析

有效蓄水量高達 1 億 4 千 6 百萬立方公尺的萬大水庫，當時依照常態每年 50 萬立方公尺淤砂量，預估使用年限可達 250 年。然而上游嚴重的泥沙淤積，導致萬大水庫蓄水量逐年下降，最大滿水量從 14,860 萬噸，到現在只剩 3,750 萬噸，淤積率高達 75%（圖 7.7）。台電統計顯示，萬大水庫平均年淤積量達 177.1 萬立方公尺，是原推估的 3.2 倍。雖然豐水期看起來萬大水庫湖面積大增（圖 7.8），但實際上因為淤積嚴重，蓄水量並沒有大幅增加。2023 年 7 月的卡努颱風又重創一次濁水溪流域，萬大水庫大量的漂流木堆積在水庫（圖 7.9）。

圖 7.7｜淤積嚴重的萬大水庫，枯水期尤為明顯
圖 7.8｜豐水期萬大水庫看起來水位很滿，其實蓄水量不高
圖 7.9｜萬大水庫在 2023 年卡努颱風之後大量漂流木堆積在壩體區附近

下篇 • 濁水溪開發利用議題解析 | 235

7-3-2 集集攔河堰共同引水計畫

濁水溪重大開發案再次浮上檯面，這次提案是集集攔河堰共同引水計畫。其實日本人在1942年時早已有集集共同取水工程的構想（黃同弘，2017），但由於濁水溪前兩座水利設施武界壩嚴重淤積和萬大水庫的工程延宕，再加上1945年日本戰敗歸還臺灣，當年的集集共同引水計畫胎死腹中。臺灣在戰後重建過程中，各項民生農業建設持續規劃進行，於是1958年由經濟部水資源統一規劃委員會（今經濟部水資源局之前身）重啟集集共同引水計畫，並於1962年完成規劃報告。

在這份報告中第一章〈建議〉第一點指出「集集共同引水計畫，係濁水溪流域綜合開發中之重要部分，為下游各項水利事業之樞紐。為求儘早實現此一有利之計畫，集集計畫之定案，應予積極進行，以配合國家經建目標，相機興工。」（經濟部水資源統一規劃委員會，1962）。然而在第四點也同時強調「濁水溪之泥沙問題極其嚴重，有關泥沙定量研究及其影響，應繼續做長期之測驗與探討。」由此可知當年規劃集集共同引水計畫也是有淤積的考量。

報告最後有一頁1961年11月3日在總工程師室舉辦的「關於集集共同引水計畫實施性規劃報告座談會」討論之共同結論會議紀錄，其中第二項「權衡目前臺灣多目標水利開發趨勢，本計畫之實施，似尚有待，……」云云之語，言下之意是當年全臺已有多項水利計畫正積極規劃進行，集集共同引水計畫並不在優先項目，顯見當年這項計畫似乎有被延宕開發之共識。一直到1973年省政府水利局再度提出以集集共同引水計畫來解決雲林地區的水資源需求（水利局，1987）。因為雲林離島工業區的工業用水急迫（經濟部水利署中區水資源分署，2019），也就是六輕選址在濁水溪口的麥寮，才有興建集集攔河堰的計畫（呂，2022）。

石化業分成上中下游，上游是將進口原油經由裂解過程產生工業氣體和汽機車的燃油。臺灣過去石化上游僅可由國營臺灣中油獨占生產，其他民營業者是不容許經營的。而因為中國政府允許台塑進行石化上游的業務，台塑石化集團為了完成他們上中下游產業的石化拼圖，所以準備要去中國廈門的海滄

投資設廠。但由於李登輝前總統對中國採「戒急用忍」的政策，不希望王永慶到中國投資石化上游業，於是特許台塑在臺灣開發第六座輕油裂解廠（圖7.10）。原本王永慶選定在宜蘭的利澤工業區開發，因宜蘭縣長陳定南堅決反對，最後廠址落在雲林麥寮。

為了穩定供應六輕每天30萬噸的用水，1986年集集共同引水計畫再度被提出，距離那場座談討論已經又過了25年，也就是當年李登輝總統同意台塑集團第六輕油裂解廠在雲林麥寮開發，因而做出重啟集集共同引水計畫的決定（圖7.11）。由此可知集集攔河堰興建與六輕的

圖7.10 ｜ 李登輝總統在1998年1月7日到麥寮六輕工業區現場視察，王永慶亦在旁陪同（圖／外交部）

圖 7.11｜李登輝前總統於 1991 年 11 月 9 日親自到集集攔河堰現場視察施工過程（圖／外交部）

開發是因果關係，也就是沒有六輕開發的決策，就不會有集集攔河堰的興建。為了穩定供應六輕的水源，集集攔河堰的工程計畫終於拍板定案，在集集的林尾隘口施工，於 2001 年完工啟用。從此開始濁水溪的命運整個翻轉，承擔了工業服務的功能。接下來就是濁水溪發生更嚴重的沙塵暴、水資源分配不均造成地下水超抽而導致地層下陷等諸多問題，這是我們自日治時期以來在濁水溪所犯下的第三個嚴重錯誤。

7-3-3 湖山水庫開發計畫

2001 年之後，濁水溪流域第二大支流清水溪又迎來了一個重大開發爭議——湖山水庫。行政院通過了水利署提出的「湖山水庫工程計畫」，宣稱為了解決雲林地區超抽地下水造成的地層下陷，以及平衡民生用水、農業灌溉與工業用水的水

資源調度利用等理由，以離槽水庫興建的方式將清水溪的水從桶頭堰輸送至湖山水庫（圖7.12）。而豐水期也是將集集攔河堰的水源調撥到湖山水庫使用，這對濁水溪的水資源不啻又再度剝一層皮。其實湖山水庫的興建並沒有實質增加水資源，只是將清水溪原本要注入濁水溪沖積扇的地表水攔截，減少了原本可補注沖積扇地下水層的水量。像這種挖東牆補西牆的做法，並不是解決水資源匱乏的根本方法。

湖山水庫施工期間遇到了八色鳥生態保育議題，以及開發必要性的爭議。在環保團體的要求下，於2008年舉辦了「湖山水庫保育措施

圖 7.12｜湖山水庫位於清水溪旁斗六丘陵上的離槽水庫

行政聽證會」。舉行行政聽證會議在行政程序法的位階與目的，是當民眾對政府單位所執行政策有所疑慮時，召開聽證會對開發案有需要修正停止或是改善補強的內容，提出事實與證據進行交叉辯論。若論述屬實，而政府行政單位無法解決改善，就應該要求立即停工或是凍結預算，等政府單位提出正確的改善措施之後才能繼續執行。這是一項人民監督政府施政決策之前非常重要的程序，而政府多半不喜歡開行政聽證，甚至想盡辦法規避。這次「湖山水庫保育措施行政聽證會」是在湖山水庫已經通過環評和施工期間進行的，雖然無法達到停止開發的訴求，也只能從後續加強生態保育策略的落實，以期對生態環境的衝擊降至最低。環保團體多次舉辦守護八色鳥（圖 7.13）、反壩權等行動，希望喚起社會大眾對八色鳥保育的關注（圖 7.14）。

如今湖山水庫經過 10 年的施工期，已經在 2016 年開始蓄水，2018 年正式完工。未來湖山水庫對於農業、民生用水以及地下水補注、地層下陷的緩解等效益，都需要後續的監督與評估。

圖 7.13｜八色鳥為來自婆羅洲的夏候鳥，夏天來臺灣繁殖，於中低海拔森林下層的坡地岩石縫隙築洞育雛，顏色鮮豔美麗，是珍貴稀有的二級保育類動物

圖 7.14｜2006 年 4 月 8 日在林內湖本村舉辦的「八色鳥叫春」音樂會。是由藝文界發起的守護八色鳥活動

第 8 章　濁水溪有事，就是全臺灣有事

濁水溪流淌臺灣四大山脈地理中心，孕育了臺灣最重要、最大量的糧食生產中心和臺灣最大的水力發電系統。所以只要濁水溪有事，就是全臺灣有事。濁水溪的開發利用與變遷都會牽涉臺灣的國運變化和社會經濟發展，因此才會有「濁水溪變清，臺灣將有大事發生」這句話，把歷史轉折、政黨輪替等事件用濁水溪水是否清澈來藉託，由此可見濁水溪在臺灣人民心目中的地位。

在這裡跟大家分享三件在濁水溪流域發生的事件，每一件都是攸關臺灣生態環境與永續發展的大事：

一、興建集集攔河堰產生的惡性連鎖效應

這是壓垮濁水溪流域生態最後一根稻草，影響了濁水溪的水資源、河川特性，以及產生對人民生活品質有重大影響的河川沙塵暴。

二、在濁水溪口北岸的國光石化開發案

國光石化填海造陸將對全臺最大面積濁水溪口濕地和臺灣白海豚族群造成無可回復的傷害，石化業不當的擴張對臺灣的土地倫理、永續發展是最嚴重殺手。

三、在濁水溪口濕地和中部海岸濕地種植紅樹林的議題

在沒有紅樹林的海岸刻意種上紅樹林會造成對當地海岸生態的負面影響，如果再利用藍碳議題做為企業減碳的策略，對減碳意義的本末倒置與杯水車薪，只會讓錯誤的生態保育觀念延續，對臺灣海岸生態環境保護更是雪上加霜。

首先我想跟大家分享我對環境議題的思考與解析方式，一個議題內涵可以分成三個層次：第一層就是「表象」，所謂的表象是指一個事件的表面現象與說法。通常環境議題的表象會是給一般民眾歌功頌德的大內宣，宣揚政府在環境汙染整治、生態保育做得有多麼好，這些沒有經過檢驗的內容和標題就是表象；第二層是「事實」，所謂的事實就是這個環境議題的科學研究成果、自然運作的規律與法則，或是已經發生過的開會紀錄和程序。這些事實還不能代表環境議題的是非對錯，例如瞎子摸象就是最好的例子。每個瞎子所摸到大象的一部分是事實，但是片段的事實並不是真正的大象，而是所有的瞎子必須分享彼此在大象不同部位所體會的事實，透過溝通，讓瞎子明白原來自己所摸到的只是真相一部分的事實；第三層的「真相」，就是要結合不同面向的事實，經過邏輯推演的過程，找到最接近那隻真實大象的樣子。

以下我用三段式論述來說明濁水溪沖積平原、河口區產生沙塵暴現象的分析。

8-1 濁水溪下游揚塵沙塵暴的表象、事實與真相

我們常說環境發生了問題，其實環境不會有問題，任何發生的颱風、地震和降雨都是自然現象，而因自然現象造成的災害和問題，其實大多數都是人類自己錯誤的決定造成的。

8-1-1 濁水溪沖積平原沙塵暴的表象

每年 11、12 月東北季風季節開始，加上屬於冬季枯水期，濁水溪下游河床出現大面積裸露的河岸灘地，乾涸的沙地加上強勁的東北季風，產生了嚴重沙塵暴現象。近年來這個現象愈來愈嚴重，給當地居民生活帶來嚴重的困擾，吃飯攪沙，苦不堪言。政府為了解決民生疾苦，特別編列了防治濁水溪揚塵的經費，進行濁水溪河床的整治工作，以解決沙塵暴對居民生命健康與生活品質的影響。

以上的訊息只是表象，很多都

是政府進行的宣傳，並沒有深入解釋濁水溪揚塵的成因和具體的解決方案，我們必須繼續思考濁水溪沙塵暴的事實。

8-1-2 濁水溪沖積平原沙塵暴的事實

雖然濁水溪沖積平原的沙塵暴自古有之，但是當年的情況與現在相比應該不會很嚴重。1697 年郁永河為了踏查臺灣硫磺資源，特地一月自福建出發渡黑水溝，二月抵達臺南，於同年十月在淡水渡船回到浙江，並在期間如日記般寫下在臺探險的見聞錄——《裨海紀遊》。其中在跨越虎尾溪、西螺溪（濁水溪）和東螺溪（舊濁水溪）的一段描述：

> （四月）初十日，渡虎尾溪、西螺溪，溪廣二三里，平沙可行，車過無軌跡，亦似鐵板沙，但沙水皆黑色，以臺灣山色皆黑土故也。

這段西螺溪顯然是河岸灘地水淺裸露，牛車可順利過溪通行，而且沙水黑色，符合濁水溪黝黑的水質特性。郁永河通過西螺溪為農曆四月，也就是東北季風結束而梅雨季來臨前的時間，那時西螺溪水量少，也無東北季風吹襲，因此沒有所謂濁水溪揚塵，宛如沙塵暴的現象。往北繼續通過東螺溪的情況完全相反，郁永河寫到：

> 又三十里，至東螺溪，與西螺溪廣正等，而水深湍急過之。轅中牛懼溺，臥而浮，番兒十餘，扶輪以濟，不溺者幾矣。

再行經三十里路到東螺溪，東螺溪大約與西螺溪同寬，此時東螺溪水深且流速很快，大家只能冒險涉水強行通過，連牛都害怕溺水不敢過去。由此可知當時濁水溪的主流應該是彰化端的東螺溪，也就是現在的舊濁水溪一帶。從郁永河的記載可知，三百多年前的東螺溪水量充沛，河灘裸露面積不大，不至於有嚴重的沙塵暴現象。即使水量較少的西螺溪，裸露的河床為厚重的鐵板沙，在冬天枯水期東北季風吹襲下也不容易揚起，沙塵暴現象應該不會太嚴重。

再來是日治時期，當年日本人為了治理濁水溪搖擺不定的水道，

決定自 1920 年起開始興建濁水溪河堤，讓濁水溪的主流沿著目前濁水溪的河道出海。當時濁水溪的水量依然相當大，雖然在冬天枯水期水量少，下游部分有些裸露河灘地產生揚塵現象，但日本人有進行一些植栽來解決海岸飛砂的問題（古川，1913）。

從清代到日治時期的濁水溪，因為自然現象冬天枯水期東北季風吹襲產生的揚塵沙塵暴，都屬於可控制、區域性的小規模事件。不像近十多年來集集攔河堰完工之後，濁水溪下游的沙塵暴成為失控且必須要積極處理的重要項目。因此，水利署積極引進各項處理工法，包括跳島式防塵網、引水堤岸、植生綠化、黑網覆蓋和植被稻草梗覆蓋沙地等工法（圖 8.1），以期減少裸露沙地面積，而有效的降低揚塵嚴重日。在各界努力下，2021 年濁水溪的揚塵事件日共 6 天，與往年數據比較：2017 年 59 日、2018 年 50 日、2019 年 29 日、2020 年 9 日，可看出逐年減少趨勢。（雲林縣環境保護局，2021）

圖 8.1｜水利署第四河川局利用各式工法（黑網、稻草梗覆蓋和水覆蓋）希望減緩河川揚塵沙塵暴的影響

以上的資料顯示政府似乎努力解決濁水溪揚塵，但實際上背後隱藏了很多我們看不到的真相。

首先，每年的東北季風強度不一定相同，不同年度天候條件下的風速強度，會產生不同的沙塵暴程度。而且揚塵日定義以PM10日平均濃度大於或等於 125 $\mu g/m^3$ 為標準，若是PM10濃度低於揚塵日的標準一點點呢？會不會一樣感受到揚塵的威脅呢？亦或PM10濃度日數每年都飆高至 1000–2000 $\mu g/m^3$ 以上呢？雲林崙背揚塵日空氣品質PM10濃度就曾高達 2632 $\mu g/m^3$。揚塵日看似減少了，但是PM10濃度沒有下降的話，揚塵對健康和生活品質的影響仍然相當嚴重，所以僅以揚塵事件日的減少當成整治的成效是不夠的。

8-1-3 解決濁水溪沖積平原沙塵暴的真相

如果水利署的整治河川揚塵工法是有效的，應該一勞永逸，不用持續編列經費處理沙塵暴的問題。事實不然，以覆蓋黑網為例，我從2020年持續空拍監測黑網覆蓋的效果，由每個月定期拍攝記錄發現，濁水溪河砂一樣逐漸淹沒了黑網，六個月之後的黑網幾乎已經失去覆蓋功能（圖 8.2），無法抵擋東北季風吹襲產生的沙塵暴現象。

圖 8.2.1

圖 8.2.2

圖 8.2.3

圖 8.2.4

圖 8.2｜黑網覆蓋裸露沙地，不到三個月，黑網仍被河砂所掩埋

下篇・濁水溪開發利用議題解析 | 247

黑網覆蓋不見成效，那就用稻草梗來覆蓋。稻米收成之後，稻梗無處使用，正好拿來覆蓋濁水溪河床灘地。但是這些稻草梗根本禁不起颱風豪大雨的摧殘，一次颱風過後，濁水溪水暴漲，所有覆蓋稻草梗的區域全部被大水沖走。2024年的凱米颱風幾乎將自國道一號中沙大橋、自強大橋、西螺大橋、溪州大橋和西濱大橋的稻草梗鋪面及大部分植栽全部沖毀（圖8.3），處理揚塵沙塵暴3年10億的經費全都付諸流水。我也用空拍機拍攝記錄每一年稻草梗鋪上後又被沖毀的過程，讓我看到人類的愚蠢行為，只會處理些細枝末節，無法解決源頭的問題。

　　要想解決濁水溪嚴重的沙塵暴現象，究其根本原因，就是要處理集集攔河堰所造成的結果。集集攔河堰攔截了濁水溪大量的泥沙，才完工不到20年，這個臺灣最大的攔河堰蓄水量已經不到原先設計的一半。為了延長攔河堰的壽命，每年枯水期間必須清淤運走堆積在壩體上游的積沙，或用砂石車來進行清運，或利用大雨期間將挖鬆的泥沙沖走，而這些沖走的積沙又持續帶往下游地區堆積。

　　集集攔河堰在豐水期已經攔截流入濁水溪的水流量，導致下游地區河床灘地裸露，長期乾涸，再加上新的細泥沙自集集攔河堰往下游輸送堆積，增加更大面積裸露地。這些大量的細泥沙在東北季風吹襲下更容易被吹起，所以黑網、稻梗覆蓋處理無效之後，每年冬天的沙塵暴現象仍然嚴重，政府每三年編列整治沙塵暴的經費，數十億人民的納稅錢竟如此糟蹋浪費。

　　所以，終極解決濁水溪嚴重沙塵暴的方法就是——「拆除集集攔河堰」，恢復濁水溪20年前自然河川的風貌。環保團體早在2018年就倡議拆除集集攔河堰，讓濁水溪恢復其自然排砂排水的功能，使下游的河水覆蓋面積增加。河灘濕潤了，東北季風自然無法吹起大量的沙塵，沙塵暴的問題就可以緩解。而且集集攔河堰的存在是為了六輕的開發需求，一個私人民營企業需要用水，應該是自己去解決用水問題，怎麼會是政府濫用全民的公共財，將濁水溪水便宜的奉送給財團，而讓全民承擔環境破壞帶來的惡果。

圖 8.3 ｜利用稻草梗處理濁水溪揚塵問題，在每一次的颱風豪大雨之後，全部蕩然無存

8-1-4 你的束水攻砂，不是我的束水攻砂

其實水利署也知道目前整治濁水溪揚塵的各種工法只是治標不治本，為了更有效處理揚塵的問題，開始提出採用「束水攻砂」策略。束水攻砂的概念早在明朝隆慶、萬曆（1572–1580）年間有一位叫潘季馴的水利專家就已經提出來。當時黃河的水患不斷，在於泥沙大量淤積阻塞河道，導致疏洪速度太慢而氾濫成災。潘季馴發現在流速較慢的河道更容易讓泥沙沉積，於是想以收束河道寬度來加速水流通過，如此不但能加速排砂，還能減少洪水氾濫的情況。

潘季馴所提這個概念一直到清朝康熙年間仍被採納做為整治黃河淤積的重要工法。而濁水溪的淤積也跟黃河存在相同的狀況，於是水利局規劃總隊工程員梁政聰在1989年發表一篇以水工模型數值分析等方法研擬出束水攻砂來整治濁水溪河川淤砂的方案（梁，1989），建議應該從中沙大橋到自強大橋、西螺大橋之間進行河道束縮實驗，讓淤積在河道裡的河砂快速往下游出海口移動。可惜這樣的策略並沒有落實採用，加上集集攔河堰淤積後的排砂方式，更加速下游河段的積沙，增加更大面積的裸露河灘地，導致濁水溪的沙塵暴在最近20年日益嚴重。

於是水利規劃分署2021年起再度採用束水攻砂的概念，編列預算執行方案，開始進行為期四年的實驗和整治。本次執行束水攻砂的範圍，在濁水溪西濱大橋以西的出海口位置，透過築堤導流設施限縮河道寬度，讓河砂排入外海，預期能夠減少往彰化大城堆積的沙量，然後增加外傘頂洲的沙源，減緩外傘頂洲因沙源不足造成的退縮現象。我雖然不是水利水工專家，但以我十多年來觀察濁水溪生態環境和對束水攻砂的理解，在出海口進行束水攻砂的工法是完全背道而馳，本末倒置的做法。

束水攻砂的概念，是在河川中游位置利用地勢的高低差並縮減河道寬度加快水流速，將河道的淤砂帶到出海口，以達到排砂目的。如今只在出海口束縮河道（圖8.4），由於出海口地勢平坦，即使束縮河道也無法提升水流速度，不僅下游積沙無法達到向外海有效排砂的效

果，反而持續淤積在河口出海區。而且濁水溪地勢南高北低，水和流沙的方向是由南往北，水利規劃分署竟在出海口設置導流設施，試圖改變河道出口方向，根本是違反濁水溪的自然流向。

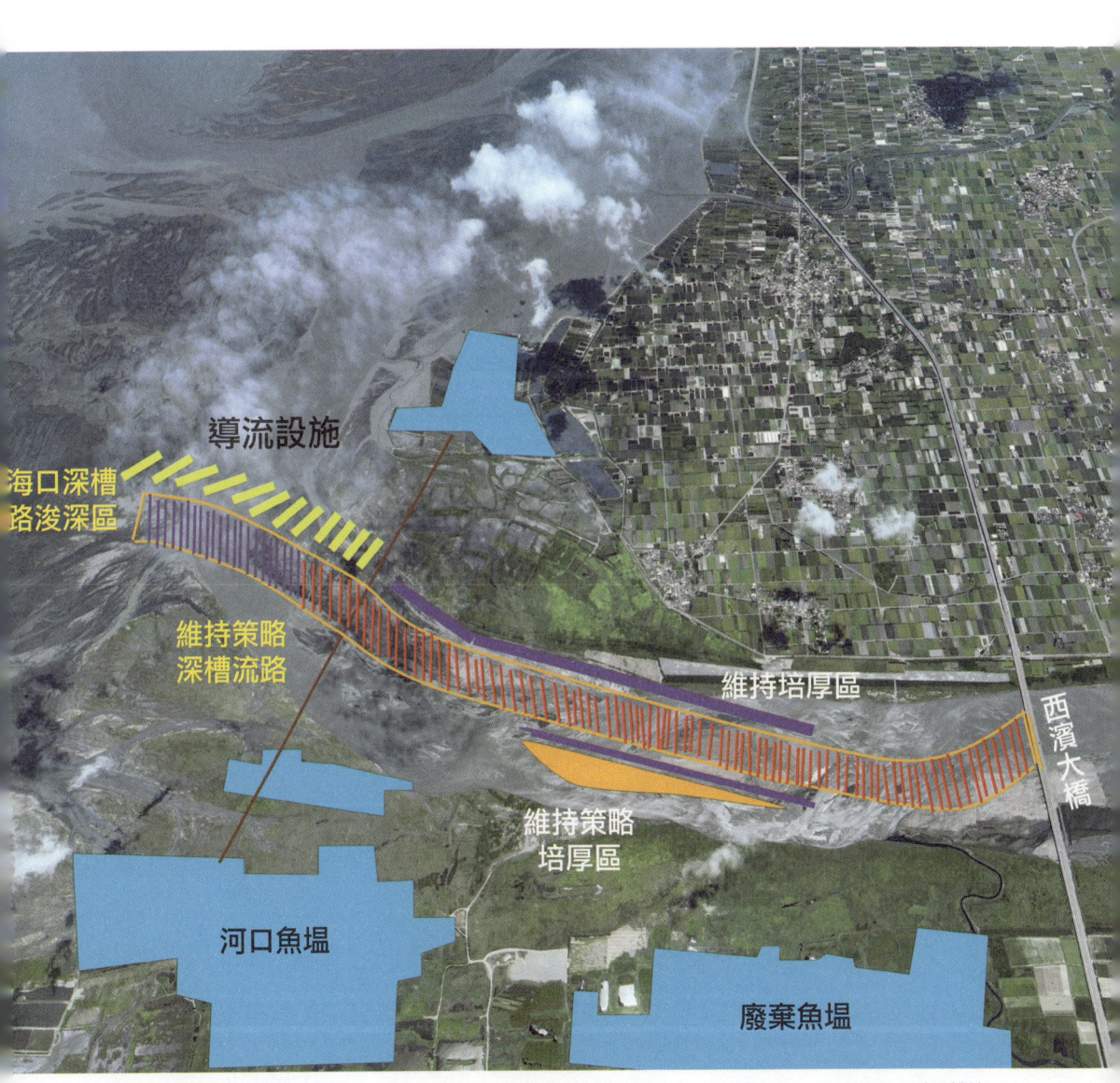

圖 8.4｜依照水利規劃分署的束水攻砂方式，在西濱大橋以西縮減河道（紫色線條），並浚深濁水溪深槽流路，在出海口設置導流設施（黃色線條），完全改變濁水溪口水流由南往北的特性，排砂功能實在堪慮

濁水溪環境早已經有最好的束水攻砂天然設計，就是在集集攔河堰的位置，這裡是濁水溪中下游河道最窄處（圖8.5）。當濁水溪的河水通過次狹窄的林尾隘口，正好讓挾帶泥沙的河水加速通過，如此一路順暢地往下游流動，可以將河砂順利帶往出海口。若是濁水溪口南岸當年沒有興建六輕工業區，阻擋河砂往南流動，外傘頂洲也不會因沙源補注不足而侵蝕內縮。最佳的束水攻砂位置卻興建了堵水堵沙的集集攔河堰，破壞了大自然最佳的設計方案，要根絕濁水溪嚴重的沙塵暴現象，唯一的解方就是拆除集集攔河堰，恢復束水攻砂的自然河川排砂功能。所以你的束水攻砂，不是我的束水攻砂。請拆除集集攔河堰吧！

圖 8.5｜集集攔河堰位於林尾隘口，正是濁水溪中游最窄處，是天然最佳束水攻砂的位置，卻蓋了一座全臺灣最大的攔沙堰

8-2 搶灘：守護濁水溪口濕地的環境公民運動

濁水溪口濕地是中部海岸泥灘地僅存最大、最原始的一塊河口濕地，沒想到因石化業的擴張，為了對抗六輕獨大的雙石化系統政策，決定在彰化的芳苑、大城海岸濁水溪口濕地填海造陸興建國光石化。濁水溪口南岸已經有六輕，如果溪口北岸再繼續開發興建國光石化，那麼臺灣母親之河濁水溪兩岸將成為全臺灣最大的石化工業區。

黝黑、含豐富礦物質和有機質的濁水溪水應該是灌溉我們所需要的農漁產品，結果因為當年錯誤的選址，讓六輕進駐濁水溪口南岸的麥寮，如今又要在濁水溪口北岸開發更大規模的石化產業，這符合臺灣的土地倫理嗎？我們對得起餵養臺灣人的母親之河濁水溪嗎？於是我們發起了一場搶救濁水溪口濕地的重大運動，有別於過去把環境運動做為政治運動的手段，我們完成了一次由臺灣環保團體主導，以全民支持做為我們反國光石化運動的後盾，成功改變了政府的決策，守護下這片全臺灣最大的河口濕地和瀕臨絕種的白海豚。這是一段臺灣環境運動史重要的篇章，歷史會過去，可以被原諒，但不能被遺忘。希望我們永遠記取國光石化開發的教訓，為了臺灣永續發展的未來，我們下一代不要繼續犯錯。

8-2-1 國光石化來攪局

國光石化俗稱八輕，也就是臺灣第八座輕油裂解廠。當六輕在濁水溪口南岸麥寮建廠營運之後，將石化上中下游石化原料從進口、加工到出口完全整合在一個廠區，使得六輕生產石化產品的流程更有效率，成本較低，成為臺灣最具競爭優勢且生產量最大的石化產區。由於石化原料是工業之母，政府擔心石化原料若被單一家民營企業所掌控，會造成石化產業的壟斷和獨占，於是想要仿效六輕模式，由官股為主，成立一家石化上中下游一體的石化廠，國光石化的構想由此形成。2006 年陳水扁前總統執政期間正式由行政院長蘇貞昌和副院長蔡英文核定國光石化為國家重大建

設開發案，由臺灣中油持股43%、民股57%組成，臺灣中油為最大股東，因此可由政府官股來派任董事長和總經理，成為政府可以實質掌控的民營石化集團。顯而易見國光石化的開發就是為了對抗六輕而成立的「雙石化系統」。

為了與六輕分庭抗禮，國光石化廠址的選擇就在雲林臺西，預計投資六千億經費，在六輕的南側填海造陸1,600公頃，加上徵收附近魚塭用地，估計有約2,500公頃面積。這完全是一個瘋狂的決策，當年李登輝前總統為了留下王永慶在臺灣投資，讓六輕特許經營石化上游，加上多種租稅優惠和便宜的水電、土地成本，如今養成一隻無法受控的大怪獸，然後要再養出另一隻國光石化怪獸，讓他們兩隻怪獸互相競爭。臺灣又不是石油生產國，每一滴石油都是從國外進口，為什麼需要開發那麼多的輕油裂解廠？我們有三輕、四輕、五輕和六輕，年產420萬噸石化基本原料乙烯，自給率已經超過100%，已足夠臺灣使用甚至還能外銷。如果增加國光石化的產能，根本是生產過剩，唯一的出路就是外銷東南亞和中國，那臺灣豈不成為其他國家的離島工業區，用臺灣珍貴的土地、海岸生態、水資源和人民的健康來換取骯髒的外匯。

國光石化每年排放1,200萬噸二氧化碳、4,000多萬噸揮發性有機毒物和2,000多萬噸各式硫化物、氮氧化物及增加細小懸浮微粒的濃度，這些都會導致全球暖化，提高氣候災難的機會，也會增加人民健康危害的風險。國光石化的開發，就是掠奪下一代子孫的生態、濕地、空氣和水資源，所以國光石化很明顯是一個不符永續發展理念的開發計畫。這樣的決策真是荒謬至極，從這裡也可以看到政府決策都是在某個狹隘的角度來看待臺灣的土地利用和經濟發展，而不是從臺灣的土地環境資源是否能承載這麼多不當的開發。

由於六輕自1998年開始營運以來，各種負面影響接踵而來，包括廠區的爆炸事件頻傳、有害空氣的洩漏、汙染造成附近養殖產業的損失和人民罹癌的健康風險增加，更不用說為了六輕而興建的集集攔河堰造成對濁水溪環境生態的破壞和沙塵暴對當地居民生活品質健康的

影響。當國光石化宣布在雲林臺西開發之後，臺西、麥寮的民眾如何再能接受一個與六輕規模相當的石化巨獸，繼續破壞海岸生態環境，傷害當地居民的健康和生存權益。於是2006年起的環評審查會議屢屢抗議聲不斷，環評審查進度非常緩慢。環保團體以捍衛人民健康與保護白海豚生態等訴求，希望政府能夠終結國光石化的開發。時間來到2008年3月的總統大選，馬英九擊敗民進黨成為總統當選人，政黨再次輪替。陳水扁前總統宣布在看守期間國光石化暫停環評審查，交由下一任總統做最後決策。

2008年5月20日馬英九上任之後，隨即交由當時的行政院長劉兆玄進行國光石化開發後續工作。劉內閣認為既然在雲林開發的阻礙這麼大，轉而相中濁水溪北岸的芳苑、大城濕地，有更寬廣的潮間帶泥灘地進行填海造陸，於是變更國光石化開發廠址，轉換到彰化端的濁水溪口濕地，以填海造陸4,000公頃為目標，試圖打造全臺灣最大的石化園區。當我看到這則消息，心情瞬間跌落谷底，該來的總是逃不掉。身為彰化環境保護聯盟理事長，又研究彰化海岸生態二十多年，見證大肚溪口北彰化彰濱海岸的開發與破壞，如今南彰化的濁水溪口又難逃被破壞的命運，我不得不站上第一線，扛起反國光石化的大旗。

當時我對反國光石化開發的運動策略是「以全國包圍地方」，摒棄過去環保運動地方動員的模式，因為政府與財團挾帶了大量行政優勢和被扭曲的民意支持，希望彰化環評快速通過，速戰速決，如果我再用傳統的地方動員，不僅耗時費力且緩不濟急，也讓國光石化開發的新聞永遠在地方版默默被忽視。所以我決定要把國光石化打成全國性議題，讓全臺灣人民都知道國光石化開發不只是中臺灣的生態環境和當地居民健康受影響，同時全臺灣民眾也會因為國光石化開發而身受其害。於是我開始聯繫各地的環保團體，希望大家一起幫助我阻擋對抗國光石化的開發。

為了凸顯國光石化開發對於環境生態的影響，就像當初七輕濱南工業區開發七股潟湖對瀕臨絕種黑面琵鷺生態的影響，我們選擇了臺灣白海豚做為指標物種，希望以大

家都喜歡的海豚，號召全臺灣人民一同來保護瀕臨絕種的白海豚，喚起大家正視國光石化開發對臺灣的傷害，進而要求政府停止國光石化的開發。

8-2-2 以白海豚環境信託號召全民力量

臺灣中西部海岸有一群鮮為人知的白海豚，正受到嚴重人為干擾和開發威脅，族群數量剩不到一百隻，已經被聯合國列為最高保育等級，那就是即將面臨絕種的臺灣白海豚（圖 8.6）。過去三、四十年來許多重大開發案逐漸壓縮、汙染臺灣白海豚的生存環境，導致族群數量銳減，瀕臨絕種。如今濁水溪口海域又將填海造陸超過 4,000 公頃，興建八輕國光石化輕油裂解廠，這將是導致這群白海豚滅亡的最後一

圖 8.6 ｜瀕臨滅絕的臺灣白海豚

塊大石頭。如果我們願意付出高昂的代價來保護大貓熊，就更應該為臺灣白海豚這珍貴稀有的海上大貓熊盡一份心力。

濁水溪口的泥灘地海域不僅是中華白海豚迴游覓食的棲地，是彰化淺海養殖漁業區，也是國際候鳥重要的覓食生態環境。而國有財產局竟打算以 1 平方公尺 100 元的便宜價格，賤賣給民營企業國光石化公司超過 2,000 公頃的泥質潮間灘地。我們要用國民信託的方式，透過每個人一股的力量共同把國土買回來，不能讓國家以低廉的價格販賣珍貴的價值。國民信託在國際上早已成為全民對抗財團不當開發的重要工具，我們相信匯集每個人的一股支持，就是百萬雄兵扳倒財團怪獸破壞環境的大力量。

壓垮白海豚生態最後的一塊大石頭

臺灣第八輕油裂解廠國光石化工業區與工業港將在濁水溪口北岸大城和芳苑濕地建廠，預計開發面積超過 4,000 公頃，將近 6,000 座的足球場。濁水溪口北岸的大城和芳苑濕地是全臺僅存最大的河口潮間灘地，濁水溪是臺灣的母親之河，20 年前錯誤的決策將台塑六輕放在濁水溪口南岸，如今又要將八輕放在濁水溪口的北岸，母親之河南北兩岸將淪為高汙染的石化園區，這對於臺灣的土地倫理情何以堪？彰化、雲林是濁水溪沖積出來最肥沃的平原，素來是臺灣的魚米之鄉，而在全臺灣的農業大縣、農業首都開發高汙染（揮發性有機物質、戴奧辛、硫化物等）、高耗水（每日耗水 40 萬噸）、高耗能的石化業，無異於扼殺農漁業的核心價值。

8-2-3 國光石化開發決策的轉折

彰化、雲林這些具有養育臺灣人民糧食漁產功能的土地和濕地，就是因為「風頭」成為生態豐富的棲息地，也是發展再生能源的好地方，而「水尾」則成為灌溉溝渠密布的農業區以及靠海的漁產區。也就是一般我們錯誤的認知「風頭水尾」為惡劣條件，當轉換思考和價值判斷時，「風頭水尾」就是彰化西南角產業發展最大的賣點。

牡蠣養殖產業從彰化、雲林、嘉義到臺南沿海一帶皆有，但是唯一用牛車下海到潮間帶收牡蠣的，全臺灣僅存彰化芳苑海岸。在都市小孩可能連牛都很難看到的現代社

會，更遑論坐牛車下到4、5公里外海泥灘地去體驗牡蠣養殖產業生態特色。目前《環境教育法》已經通過施行，未來彰化海岸濁水溪口的芳苑和大城濕地，就是最好的環境教育推廣戶外教學點，提供全國各界體驗5公里最寬的泥灘地風貌。這樣的價值和功能豈容一個短暫夕陽可期的石化工業來取代？

宜蘭沒有六輕，現在比以前過得還要好，幸好當年有陳定南縣長據理力爭與堅持，才保留了後山的藍天綠地；而雲林有了六輕之後，卻帶來了烏煙瘴氣的黑洞，罹癌率顯著增加、農漁產量減少、生活品質惡化，隨時必須擔心公安與環保的意外事件發生。這是多麼強烈的對比，難道彰化縣還要重蹈雲林縣的覆轍？如果國光石化強行在濁水溪口北岸設廠，讓濁水溪口南北兩岸都淪為石化重工業區，這對臺灣母親之河又是情何以堪？所以彰化西南角的發展沒有國光石化才有願景，才有高優質附加價值的農漁產業、文化創意、環境教育和生態旅遊的未來。

所幸持續三年的反國光石化運動，終於在2011年4月22日經過公民環境意識的興起，學術界、藝文界、學生、醫界、宗教界連署反對興建國光石化，以及人民「搶救白海豚，守護濁水溪」環境信託力量的展現，讓馬英九總統感受到填海造陸興建國光石化、破壞濁水溪口濕地、滅絕中華白海豚族群並非全民所願意見到，因此在民國100年的世界地球日正式宣布終止國光石化開發案。這並非馬英九總統個人意志宣布停建國光石化，而是人民的聲音總統聽見了，總統必須遵循民意而停建國光石化。

此外，馬總統還在2011年10月24日親赴彰化大城鄉，宣布開發國光石化的替代方案，將由民間和政府投資100億，創造在地7,000個就業機會，讓彰化西南角的發展邁向新的里程碑。

8-2-4 濁水溪口濕地十年之後

成功阻擋國光石化在濁水溪口濕地開發的十年（2021）後，我特地邀請已經卸任的前總統馬英九再度到芳苑來參訪，主要目的是讓馬前總統親眼見證，他在十年前正確的決定給芳苑和濁水溪口濕地帶來什麼樣的改變。2021年4月18日，

由芳苑在地的反國光石化社區人士洪新菁等人安排好參觀濕地行程，搭乘當年因為風太大無法搭乘的牛車（圖 8.7），以及品嚐用當地海岸食材製作的風味午餐。當天在芳苑濕地參訪的民眾遇到馬前總統也都非常熱情與他合照，並表示這片濕地能保留下來要感謝馬前總統的正確決策，現場民眾以鼓掌對馬前總統表達感謝之意。

其實反國光石化的成功，應該感謝的是全臺灣支持我們理念的公民。根據馬前總統的幕僚告訴我，我們的策略是對的，因為總統府做過民調，當時反國光石化的民意高達 54%，只有 26% 支持國光石化，面對 2012 年即將到來的總統大選，馬前總統當然是順應民意將國光石化開發案撤銷。其實由總統宣布停建國光石化跟獨裁有什麼兩樣，雖

圖 8.7 ｜搭上彰化縣無形文化資產的海牛蚵車，如果國光石化在此開發，潮間帶養蚵淺海捕撈、生態旅遊和文化創意等產業將全部消失

然我對這樣的決策程序並不滿意，畢竟要靠一人決策的人治，還不如經由法律程序在環境影響評估審查過程中，正確的研判國光石化開發的必要性、公益性，是否對臺灣的環境有重大影響之虞，最後在法治程序下做出不予開發的決定，這才是最完美的程序和結果。期待總統可以做出正確決策是相當危險的，因為每個人的性格和喜好不同，所以桃園藻礁保護的案例就是最慘痛的經驗。當時珍愛藻礁團體多次與總統蔡英文會面，充分溝通保護藻礁的共識，他們都相信蔡總統會信守「藻礁永存」的承諾，沒想到在派系與多方角力的衝突下，最後第三天然氣接收站仍然在觀塘藻礁旁邊興建。雖然曾經試圖用公投方式來翻案，但仍然在政黨對決的情況下，綁架人民自由意志的選擇，最後四個公投議題全數不通過。沒有以公民意識為基礎的社會，公民投票完全沒有意義，2021年的公投過程與結果，絕對是釘在臺灣民主史上的恥辱柱，臺灣離公民社會仍然十分遙遠。

8-3 彰化海岸濕地種植紅樹林的對與錯

8-3-1 戳破紅樹林的神話

紅樹林植物在大多數人觀念中是非常神聖重要的物種，許多科普書籍雜誌都會告訴我們，紅樹林植物因為根系茂密，抓地力很強，可以守護海岸不受海浪的沖刷侵蝕。並且許多魚蝦貝類等底棲生物可以在茂密的根系中產卵孵化，躲避天敵的捕食，成為底棲生物庇護所，維持生物多樣性，因此紅樹林生態系統在海岸河口濕地扮演著重要的角色。尤其是韓韓、馬以工在1989年合著《我們只有一個地球》一書中，以細膩的文學筆法和科學嚴謹的論述讓大家開始認識紅樹林，並提醒國人對於保育淡水紅樹林的重要性，使保護紅樹林、復育紅樹林的觀念從此深植人心。1994年李登輝總統以度假外交模式訪問印尼返臺後，因該國紅樹林保育的成效，深感臺灣的西海岸也要注重紅樹林保育工作，指示相關單位要加強復育紅樹林的種植（范，2011）。

但紅樹林真的有那麼神奇，海

岸復育和生物多樣性都得要靠紅樹林嗎？其他沒有紅樹林的海岸，難道生物多樣性就很低嗎？根據文獻資料（佐佐木，1911），臺灣原生紅樹林只出現在北臺灣的淡水河口和南臺灣的東石到高雄一帶，中西部海岸從新竹一直到雲林，在過去一百多年前並沒有記錄到原生的紅樹林，所以臺灣不同海岸環境條件就有紅樹林不同的分布結果（施等，2025）。

8-3-2 紅樹林對中部海岸生態環境的影響

臺中、彰化海岸因有大甲溪、大肚溪與濁水溪千百年來的泥沙堆積，形成臺灣最寬廣的海岸潮間帶與河口濕地，即使彰濱工業區填海造陸與永興魚塭區的開發，改變了部分的海岸地形地貌，從衛星照片影像的分析比對來看，海岸線的變遷並沒有明顯侵蝕作用，仍屬於堆積的地形（王等，1990）。而河口泥灘地半淡鹹水的營養物質累積，成為底棲生物魚蝦貝類最好的覓食地，也能在泥灘地裡產卵成為最佳的育幼所。開闊的泥灘地、豐富的底棲生物資源，正是鷸鴴科水鳥最佳的覓食棲地，成為南來北往候鳥重要的過境能量補給站以及度冬地點。所以沒有紅樹林的臺中和彰化海岸，開闊泥灘地的環境仍然擁有生物多樣性，根本不需要紅樹林來保存生物多樣性。反之，在沒有紅樹林的海岸種上了紅樹林，反而影響原來海岸泥灘地的運作模式。

首先紅樹林為灌叢樹林，在漲潮時會有效減緩海水流速，細小顆粒的泥沙便容易沉積下來，泥灘地於是慢慢墊高，讓海水無法漲到原有的高度，導致泥灘地逐漸陸化，失去原有的生態功能。在紅樹林造成泥灘地完全陸化之前，紅樹林下的底泥顆粒比例會逐漸改變，而且紅樹林的樹皮與葉片單寧酸含量很高，導致葉片分解腐化後，土壤成為pH值低酸性高的硫酸鹽土（沙等，2018；張希然等，1991），種了紅樹林，使原來泥灘地的多種底棲生物無法生存，存活下來的是與紅樹林共同演化過的底棲物種，所以不但無法保持既有的生物多樣性，反而改變了原有的物種結構，也降低原有的生物多樣性。不僅如此，因為紅樹林根系茂密，原本在開闊泥灘地覓食的水鳥根本無法走

入紅樹林內覓食。因此紅樹林面積愈大，水鳥可以覓食的空間就被紅樹林占走，導致覓食面積縮減，影響水鳥的覓食生態。

雖然紅樹林的根系茂密，抓地力強，可以減緩水流速，保護海岸不受大浪的沖刷侵蝕，還有淨化水質的功能。但其實中西部海岸廣大的泥灘地海水漲潮時，寬達 5 公里的潮間帶就像大海綿一樣吸收了潮水沖刷力道，所以寬廣的中西部海岸泥灘地就是最好的天然消波塊，完全不需要靠紅樹林來阻擋海浪的沖刷。而且泥灘地中的生物化學消化作用也能夠轉化吸收有機碳、氮、磷等物質，同樣可以達到淨化水質的目的。綜合以上所述，泥灘地環境有所有紅樹林的功能和優點，完全沒有紅樹林的負面影響，因此根本不需要在沒有紅樹林的開闊泥灘地上種植紅樹林。

8-3-3 中部海岸沒有原生紅樹林的原因與證據

為什麼中部海岸線沒有原生的

圖 8.8｜濁水溪以南的雲林、嘉義、臺南、高雄海岸地形為潟湖

紅樹林？首先我們看一下臺灣 1,300 多公里長的海岸線，每一段的海岸特性是如何？我們以濁水溪為界，濁水溪以南雲林、嘉義到臺南、高雄的海岸，外面有沙洲，裡面包著海水，漲退潮海水不會全部退乾，形成所謂內海的地貌，也就是潟湖環境（圖 8.8）。

而恆春半島的鵝鑾鼻是造山運動形成的隆起珊瑚礁海岸。恆春半島位於中央山脈尾端，造山運動將海底的珊瑚礁抬起，形成了珊瑚礁岩海岸（圖 8.9）。往東臺灣，從臺東市到花蓮市的海岸線則是由歐亞板塊和菲律賓海板塊擠壓形成的海岸山脈（圖 8.10），形成了中央山脈和海岸山脈之間的花東縱谷，與海

圖 8.9｜中央山脈末段造山運動將恆春半島海面下的珊瑚礁抬起

岸山脈山海相接的陡峭岩石海岸地形。

再往北到了宜蘭、新北的淡水河口，是由基隆山火山群、大屯山和七星山火山群在 280 萬年前火山噴發活躍的年代，火山熔岩流到海岸冷卻之後，形成奇岩怪石的火山海岸地貌（圖 8.11）。

北海岸之後，下面就是桃園、新竹到苗栗的海岸線，這邊是以沙岸和藻礁地形為主（圖 8.12）。最後回到臺中和彰化一帶的海岸線，我們可以從前面 1636 年荷蘭人 J. Vingboons 繪製的那張經典的臺灣古地圖（圖 1.37），看到濁水溪以北的彰化、臺中就是非常寬廣的潮間帶濕地，也是全臺灣唯一最大片的潮間帶泥灘地（圖 8.13）。

圖 8.10 ｜歐亞板塊和菲律賓海板塊運動擠壓形成的海岸山脈

圖 8.11 ｜火山活躍噴發的熔岩流到海岸形成奇形怪狀的石頭

圖 8.12 ｜沙岸環境形成的藻礁生態系統

圖 8.13 ｜中臺灣廣大的泥質潮間灘地

根據歷史文獻日治時代佐佐木舜一（1911）臺灣紅樹林調查復命書的記載（圖 8.14），中部的彰化海岸沒有原生的紅樹林，但過去保育觀念認為應復育紅樹林，因此林務局與水利署於 1990 年代開始種植，目前形成彰化縣最大片之紅樹林區約有 30 公頃水筆仔與海茄苳的混合林。紅樹林不僅導致彰化海岸加速淤積阻塞排水口、改變泥灘地的特性，以及造成陸化現象之外，還會讓原來的底棲生物無法適應紅樹林高酸、太泥的環境而被替代，同時紅樹林的擴張也會造成水鳥覓食地縮減等負面效應，因此紅樹林在中部廣大的泥質灘地海岸有許多不利現有生態的現象產生。

而臺灣現存四種紅樹林中的水筆仔、紅海欖和海茄苳，以胎生苗和如蠶豆般大小的種子，透過海流帶動，在臺灣近岸海域流動，再被漲潮的海水從外海帶入，至高潮線位置定著下來發芽成長。中西部海域有 5 公里寬的潮間帶，漲潮時潮水的力量受到泥灘地的吸附，以緩慢速度來到高潮線位置，這樣淺水

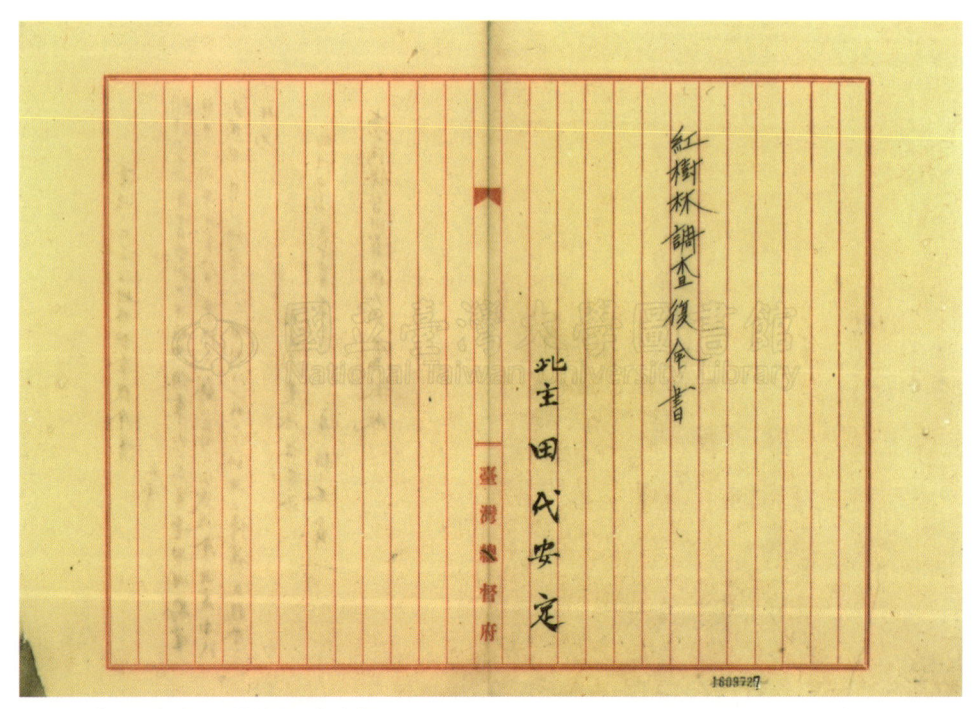

圖 8.14｜佐佐木舜一紅樹林調查復命書手稿（圖／國立臺灣大學圖書館數位典藏館）

水流的浮力和動力完全無法帶動紅樹林的種子進入中西部海域，所以中西部寬廣的潮間帶泥灘地是讓紅樹林無法靠岸生長的天然屏障。

在復育種植紅樹林觀念盛行的年代，很多人看到彰化、臺中的海岸灘地沒有紅樹林，光禿禿的很難看，於是發起多次種植紅樹林的行動。他們都認為中西部海岸沒有紅樹林，顯得這一片海域生態貧瘠，才會以為種上了紅樹林就能夠改善海岸生態環境。中央社 2003 年 2 月 22 日以「小朋友種水筆仔淨化生態」為題，報導苗圃彰化社區合作小學師生與家長同心協力種植水筆仔，希望日後繁衍成林能改善生態環境（圖 8.15），可見種植紅樹林對海岸生態保護的觀念深植人心。而當時種下的水筆仔胎生苗，在 20 多年之後繁衍成林，但是海岸生態並沒有因此改善，反而製造更多舊濁水溪出海口生態的問題（圖 8.16）。

圖 8.15 ｜合作小學師生與家長在舊濁水溪口種植水筆仔，空曠的灘地並無任何植被生長（中央社授權使用）

圖 8.16 | 2003 年在舊濁水溪口種植的水筆仔，2023 年的空拍照片顯示紅樹林雖繁衍成林，卻占據舊濁水溪口灘地，不但沒有改善河口生態環境，反而造成河道河口縮減，導致防洪排水的問題，也讓原生的底棲生物招潮蟹、彈塗魚因不適應紅樹林環境而消失

早在 2000 年左右我就已經提出中部海岸不應該種植紅樹林，以及要拔除紅樹林的觀念和行動。因為中部海岸的紅樹林都是人為刻意種植，並非原來海岸的原生物種，對原有生態系而言，種上紅樹林就是引進外來種（圖 8.17）。

圖 8.17 | 在 20 多年前我已提出紅樹林是中部海岸的外來種，種紅樹林反而會對原有的生態系造成衝擊（聯合報授權使用）

下篇・濁水溪開發利用議題解析 | 269

在推動中部海岸移除紅樹林的過程中，遭到非常多擁護紅樹林學者們的撻伐，說全世界都在鼓勵種植紅樹林，移除紅樹林根本是開世界潮流的倒車。但是我知道彰化海岸因濁水溪泥沙堆積的特性，寬達5公里的潮間帶灘地成為限制紅樹林進入海岸濕地的天然屏障。長期以來彰化海岸生態系並沒有跟紅樹林共同演化共生過，人為突然將紅樹林種植進入中部海岸濕地，只會與原有生態運作產生衝突和負面效應。多年後我們推動移除紅樹林的觀念終於獲得認同，移除中部紅樹林已經成為共識，舊濁水溪口的紅樹林在2024年由彰化縣政府進行移除工作，以期恢復原有舊濁水溪口的生態環境。對照過去因觀念錯誤而盲目種植，在歷經20年後因理解而移除，其過程的轉折實在是不勝唏噓。

中部海岸泥灘地應有的原生植物是雲林莞草，它屬於莎草科的禾本類植物，夏天生長茂密，冬天地面莖葉枯萎，所以不會減緩水流加速淤積，而產生陸化現象讓濕地消失。雲林莞草也能提供底棲生物有機碎屑的食物來源，維持原有底棲生物多樣性。所以雲林莞草跟所有紅樹林擁有一樣的優點，卻沒有紅樹林造成排擠原生底棲生物、占據水鳥覓食棲地面積的缺點。

—●—

2004年我也在彰化芳苑海岸發起移除紅樹林的行動，並且特地選在植樹節前夕。彰化縣政府農業處為此還打電話給我，希望我不要在植樹節前辦拔紅樹林的活動。他們說大家都在鼓勵種樹的日子，希望我不要反其道而行來拔紅樹林，而我回覆他們說我就是刻意選在這個日子，想要凸顯隨意亂種紅樹林的錯誤，提醒大家飯可以亂吃，但是樹不能亂種。結果在拔紅樹林活動當天，縣府農業處還請了一位中興大學森林系教授跟我辯論，說紅樹林在這裡長得這麼好又這麼茂密，為什麼要移除紅樹林？我回了這位教授一句話：「為什麼福壽螺在臺灣也長得很好，我們卻要移除福壽螺？」所以我們判斷一個物種在這個生態系的地位，不是以它長得好不好來決定，而是看它在這個生態系和其他物種與環境之間的交互作用是否會干擾原有生態系的運作方式。當紅樹林受到人為引進，突然

進駐到沒有原生紅樹林的泥灘地，造成泥灘地特性改變、擋住水門阻礙區域排水、底棲生物結構和水鳥覓食棲地縮減等負面作用，那麼這一大片紅樹林就是這個生態系的入侵物種（圖 8.18）。

甚至還有人質疑我，為什麼所有的書上都寫紅樹林很重要，也沒有任何書籍寫說要拔紅樹林，做為一位研究海岸濕地水鳥生態的學者專家，為什麼敢說要拔除紅樹林？我說你們讀的書是人寫的，我讀的書是大自然寫的，當我研究觀察到紅樹林在中西部海岸生態系造成這麼多的負面影響，我當然要站出來告訴大家，不要再盲目的在中部海岸種植紅樹林。還有人質疑我在汙名化紅樹林，怎麼可以說紅樹林是彰化海岸的生態殺手，要除之而後快？我說我不是汙名化紅樹林，是

圖 8.18 ｜ 人類才是危害大自然的兇手，紅樹林是無辜被刻意引進種植的

在告訴大家紅樹林在它原生海岸環境有它的功能和作用，而在沒有原生紅樹林的海岸刻意種上紅樹林所造成的影響，是人類犯的錯，並不是紅樹林的錯。其實生態環境本身沒有任何問題，真正有問題的是人類的腦袋啊！

8-3-4 面對中部紅樹林擴張的因應策略

芳苑、大城濁水溪口濕地是廣大的泥質灘地，由濁水溪沖刷與近岸流所形成動態平衡的灘地，只要維持原有的海岸地形地貌與河口功能，棲地經營管理的策略就是維持現有的大自然作用力不受到人為破壞與干擾。

由於彰化的紅樹林生長面積太大，已經無法用移除方式讓紅樹林徹底從彰化海岸消失，只能以圍堵的方式，防止紅樹林繼續擴散，保持現有紅樹林的面積，讓幼苗不要漂流出去危及現有的泥灘地環境。所以我提出紅樹林疏伐和圍堵兩種策略，當彰化縣政府想在芳苑這片紅樹林規劃海空步道時，我就指出占滿二林溪出口處的紅樹林應該疏伐移除，以提高疏洪排水的功能。其他則用攔網圍住紅樹林的外圍，使水筆仔和海茄苳的胎生苗與種子無法向外擴散，將紅樹林生長範圍限縮在目前的區域（圖 8.19）。

如此一來，既可解決紅樹林對彰化海岸濕地生態造成的負面影響，也可以利用海空步道的設施，對社會大眾進行正確的紅樹林生態教育。結果彰化縣政府的回應是：海空步道的經費只能用在硬體工程的建設，並沒有可以執行紅樹林經營管理的部分，因此無法對這片紅樹林進行疏伐和圍堵的措施。聽到這樣的說法真讓我不勝唏噓。一個花費將近九千萬的工程經費，寧願去做譁眾取寵的建設，竟然無法用一小部分經費處理紅樹林的根本問題。

結果有太陽能板業者採用了我圍堵紅樹林的建議。在崙尾東區泥灘地的漂浮型太陽能板，過去深受海茄苳快速擴散的影響，入侵到太陽能板內，而太陽能板之間縫隙若是長滿了海茄苳，這樣還能繼續發電嗎？因此業者每年都要出動怪手去移除太陽能板周圍的海茄苳，但是成效不佳，海茄苳的種子太多，生長速度太快，每年持續移除非常沒有效率（圖 8.20）。

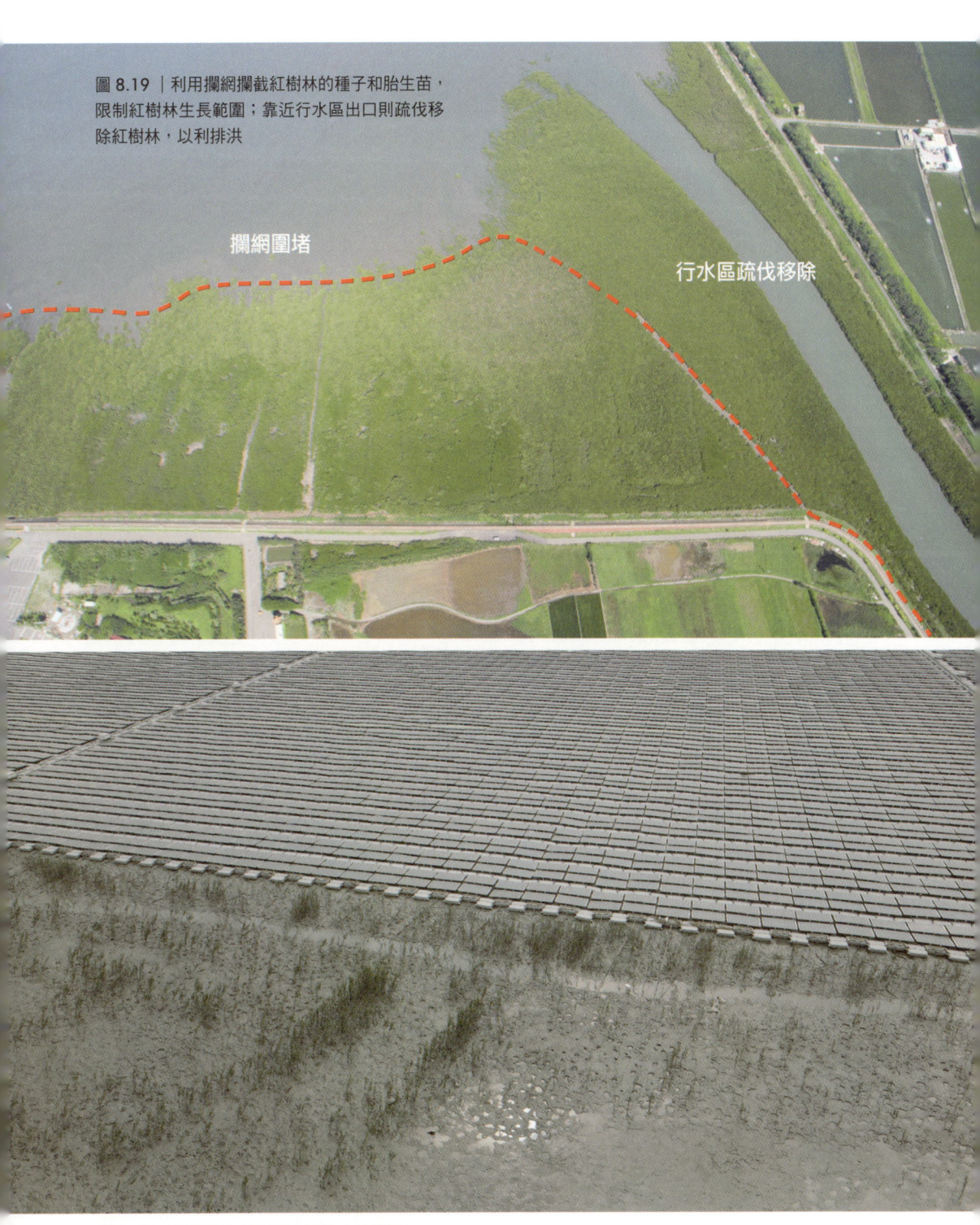

圖 8.19｜利用攔網攔截紅樹林的種子和胎生苗，限制紅樹林生長範圍；靠近行水區出口則疏伐移除紅樹林，以利排洪

攔網圍堵

行水區疏伐移除

圖 8.20｜海茄苳入侵崙尾東區的太陽能板

下篇・濁水溪開發利用議題解析 | 273

後來這個業者看到我圍堵紅樹林的建議，就在太陽能板外環圍上一排攔截網，結果非常有效的攔截了海茄苳種子入侵太陽能板（圖8.21）。我的免費建議，便宜的卻是最寶貴的。可惜 2024 年的颱風吹倒了部分圍籬，海茄苳大軍又快速進駐太陽能板區，這也是紅樹林意想不到的負面效應。

8-3-5 紅樹林的藍碳與泥灘濕地的碳匯

經過多年的教育宣導，大家總算開始重新釐清紅樹林在不同海岸的價值，不再隨便在中臺灣海岸種植紅樹林。倒是淡水河關渡一帶的

圖 8.21 ｜在太陽能板外圍裝置一排攔截網，成功堵住海茄苳的擴散

圖 8.22｜由多個知名企業與台江國家公園合作，利用認養安南區閒置魚塭種植新的紅樹林，做為抵減二氧化碳的藍碳減碳交易

水筆仔因為生長太密太好，占住泥灘地的空間，讓很多鷸鴴科水鳥失去覓食空間，族群數量日益減少。然而關渡的紅樹林是受到《文化資產保存法》公告的水筆仔自然保留區，這些水筆仔在文資法保護下，是不能進行任何疏伐的，為此還特別將這個水筆仔自然保留區撤銷，改為野生動物保護區，才能根據野動法對水筆仔進行適當疏伐移除的經營管理措施。可見紅樹林的神話已經慢慢在鬆動，現在大家也漸漸學會用比較中立的角度看待紅樹林在生態系的地位。

沒想到好不容易建立起要適度移除疏伐管理紅樹林擴張的概念，從 2024 年開始，在「臺灣 2050 年淨零排放」的思維下，利用種植紅樹林當作減碳的藍碳策略卻在政府、業界和學界中再度成為焦點（圖 8.22），

甚至要求中部地區縣市政府和水利單位不可以再進行紅樹林移除疏伐等相關作業，要仿效印尼、馬來西亞，上萬公頃紅樹林可以用來當作減碳交易，臺灣也應該要利用紅樹林掌握龐大的碳權交易商機。

臺灣紅樹林生長的海岸環境很有限，不像印尼、馬來西亞本就屬於最適合紅樹林生長的熱帶海岸，境內海岸有數千或上萬公頃以上的紅樹林生長。盤點臺灣適合生長紅樹林的原生地，大約也就是600公頃左右，以這麼小面積的紅樹林抵減二氧化碳的排放，無異於杯水車薪。如果要再種新的紅樹林來增加抵減量，幾乎是微不足道，甚至在不適當的地點種新的紅樹林，對當地沒有原生紅樹林的生態系而言，反而會帶來另一波生態災難，完全得不償失。

紅樹林做為藍碳抵減碳排放的最大效益，是從幼苗到成熟期這段時間，大約也只有紅樹林成長的前5至10年左右，也就是假設紅樹林在有限範圍生長的30年週期內，後半段20年幾乎是沒有新增的減碳效果。除非紅樹林能持續擴散，或是持續移除更替紅樹林，這樣的減碳策略不僅會造成原有海岸生態的破壞，在移除過程中還可能釋放出更多的二氧化碳。因此，與其利用紅樹林做為排碳抵減的策略，還不如要求企業在生產製程或透過產業轉型減碳，而非採用種植紅樹林這種本末倒置且緩不濟急的方案。

對於企業而言，能用錢解決的問題就不是問題，如果他們可以不用透過產業轉型和製程減碳的方式來降低碳排，用錢來買紅樹林或是森林，就可以抵減他們所產生的二氧化碳，不過就是花錢消災，完全不影響他們原有的排碳製程，如此何樂不為？所以利用種植紅樹林做為排碳抵減策略，只是為了保護「生意」，不是為了保護「生態」！

結語

下一個世代我們需要什麼樣濁水溪風貌

河川是文明的起點，也是土地的未來，濁水溪自登上歷史舞台這三百多年來，經歷了三次人類開發利用的變遷，從一條水源充沛且每年可能改道擺尾神龍的大河，到如今變成千瘡百孔布滿消波塊，水量奄奄一息而漫天沙塵的小溪。這三百年來，濁水溪從帶給我們一個富饒的農漁產資源、工業與民生用電供應無虞的水力發電，到現在卻為了石化工業截斷了濁水溪的水源命脈，完全由人類掌控著水資源流向，讓濁水溪失去河川原本的面貌和價值。到底人類發展是進步到扮演主宰者的角色，地球的資源可以恣意為人類所用？還是退步到毀壞大自然的秩序，失控到自我毀滅的階段？

「成、住、壞、空」這個宇宙時空運行的法則，濁水溪過去到現在千萬年間經歷了成、住、壞的階段，接下來「空」的來臨是可以預見的。

濁水溪河床沿線到處仍放置著消波塊等護岸、護堤工法，失去自然河川的風貌。

下篇・濁水溪開發利用議題解析 | 277

當下一個重啟之時開始，我們又將如何面對這條濁水溪？

「請問你愛臺灣嗎？」我相信絕大部分的人都會回答：「是，我愛臺灣，非常愛！」但是我想問，你了解臺灣嗎？你愛的是什麼樣的臺灣？是愛臺灣的政治經濟發展讓我們安居樂業，還是愛臺灣這塊土地環境特殊的功能，以及歷史文化而形塑出臺灣地位呢？尤其是政客最會口口聲聲說愛臺灣，但是他們所愛的臺灣，更多是為了得到選民的支持，讓自己擁有權勢和金錢利益罷了！這些政客根本不了解臺灣這塊土地的功能和價值，他們透過所謂的民主選舉被人民賦予權力，但他們卻因為無知而濫用權力，做出錯誤決策，傷害臺灣百年基業和永續發展的未來。

能力愈強，責任愈大，現在是一個不需要英雄和狂人的年代，我們不用擔心自己擁有強大的能力和權力，反而要擔心是否有足夠智慧運用強大的能力和權力來做出正確的決策。所以我們並不需要一個大有為的政府，而是更需要一個能判斷是非對錯，實踐公平正義的公民社會。臺灣現在就是在這種是非對錯不分、價值觀錯亂的年代，以2021年公投第20案的藻礁公投為例——您是否同意中油第三天然氣接收站遷離桃園大潭藻礁海岸及海域？（即北起觀音溪出海口，南至新屋溪出海口之海岸，及由上述海岸最低潮線往外平行延伸五公里之海域），竟然以政黨意識型態的對決來剝奪綁架人民對藻礁保護的思考能力和投票選擇，最後仍然無法用公民力量來扭轉藻礁被破壞的命運，顯然臺灣離公民社會的距離仍然非常遙遠。

俗話說：「換了位置就換了腦袋。」通常是貶抑諷刺一個人在不同的位置對同一件事物卻變換不同思考方式，於是產生截然不同的價值判斷。其實對於空拍視角的影像，這句話也同樣適用。當我們習慣用人類地平面的角度來看待我們的土地環境，只能得到二度空間的扁平認知；而當我們能夠像飛鳥一樣，換位從空中視角來看待同樣的土地環境，這三度空間立體壯闊的視覺衝擊，絕對會讓我們的思維產生改變，就像「換了位置就換了腦袋」，不再是諷刺與貶抑之詞了！

已故的空拍導演齊柏林在《看

見臺灣》幕後花絮影片〈邁步向前篇：玉里大腳印〉中說過：「這是一種與土地情感連結的表現，雖然我在空中飛來飛去，最後還是要雙腳踩在我們的土地上面。」的確，即使我再怎麼勤於上山下海，用空拍機以空中視角詳細記錄環境的變遷，最終還是要回到地面，透過實際的行動，腳踏實地來解決我們所看到的問題。所以編寫這本《流淌臺灣之心：濁水溪空拍誌》的意義，也希望能幫助大家從不同角度和位置來思考我們過去所做的事情，這樣我們才能去反思檢討什麼是對的、什麼是錯的決定。願臺灣母親之河走過這一代造成的錯誤，也願下一代能有足夠的智慧和能力來修復，為我們過去在濁水溪所犯下的錯誤來贖罪。

也許等下一個世代的石化業成為夕陽，在拆除集集攔河堰的那天，濁水溪才能再次恢復生機。

參考文獻

Imbault-Huart C.（2019）．*福爾摩沙之歷史與地誌*．（郭維雄編譯；初版）．國立臺灣歷史博物館。（原著出版於 1893 年）

水利局（1987）．興建集集共同引水工程．*豐年*，*37*（11），56–58。

王鑫、林明璋、濮方正（1990）．彰濱海岸侵蝕與堆積研究．*國立臺灣大學地理系地理學報*，*14*，109–123。

古川良雄（1913）．*濁水溪流域保安林調查復命書*．臺灣總督府。

田哲益、余秀娥（2021）．*賽德克族神話與傳說*．晨星。

行政院農業委員會（2009）．*臺灣灌溉史*．農業部。

佐佐木舜一（1911）．*紅樹林調查復命書*．臺灣總督府。

何傳坤（2009，7月）．淺談臺東舊石器時代晚期長濱文化．*國立自然科學博物館通訊*，*260*，3 版。

呂耀志（2022）．李登輝前總統從政年間的臺灣經貿環境與政策回顧——從農業、產業到金融．歐素瑛、黃翔瑜、吳俊瑩、陳世局主編．*李登輝與臺灣民主化學術討論會論文集*（初版，87–106）．國史館。

李文媛（2022）．三百年前的文創商品．國立臺灣歷史博物館策劃／蘇峯楠主編．*看得見的臺灣史．空間篇：30 幅地圖裡的真實與想像*（初版，42–51）．聯經。

沙聰、王木蘭、姜玥璐、林光輝（2018）．紅樹林土壤 pH 和其他土壤理化性質之間的相互作用．*科學通報*，*63*（26），2745–2756。

林朝棨（1966）．*臺灣之河谷地形*．臺灣銀行經濟研究室。

涂玉枝（2016，8月）．*我國電力需求面管理之檢討與展望*（105119）．中華民國立法院預算中心。https://www.ly.gov.tw/Pages/List.aspx?nodeid=10346

施習德、許秋容、楊遠波（2025）．臺灣紅樹林分布的變遷．*國立臺灣博物館學刊預先刊登*，1–38。https://doi.org/10.6532/JNTM.202503/PP.0001

洪長源（2020）．南彰化母親河——莿仔埤圳．*源雜誌*，*142*，44–47。

范貴珠（2011）。臺灣紅樹林之人工復育。*林業研究專訊*，18（4），25–30。

海樹兒・犮剌拉菲（2016）。布農族的Asang daingaz（祖聚居地）：談布農族地名的取名方式與部落的地名源。*原住民族文獻*，27，11–22。

海樹兒・犮剌拉菲（2019）。*原住民族語言學習市本教材-【鄒族語】*。臺南市政府教育局。

國立臺灣圖書館（館藏原件復刻）（2016）。*臺灣地輿總圖*。國立臺灣圖書館。

張希然、羅旋、陳研華（1991）。紅樹林與酸性潮灘土。*自然資源學報*，43（1），55–62。

張瑞津（1985）。濁水溪平原的地勢分析與地形變遷。*國立臺灣師範大學地理研究報告*，11，199–228。

梁政聰（1989）。淤積河川整治之研究。*農業工程學報*，35（2），15–29。

章綺霞（2008）。以書寫建構鄉土：濁水溪流域作家的鄉土書寫（1970–2000）。*修平人文社會學報*，10，75–132。

陳正祥（1993）。*臺灣地誌*（二版，中冊）。南天。

陳玉峯（2025，1月27日）。廢雜句（35）〔部落格文章〕。https://slyfchen.blogspot.com/2025/01/

陳佳宏（2011）。*合歡與奇萊山區之晚第四紀冰河地形*。國立高雄師範大學地理學系：碩士論文。

陳宗仁（2008）。Lequeo Pequeño與Formosa——十六世紀歐洲繪製地圖對臺灣海域的描繪及其轉變。*臺大歷史學報*，41，109–164。

陳盈雯、劉東啟（2010）。臺灣原生杜鵑棲地地文環境特性之研究。*興大園藝*，35（3），117–129。

鹿野忠雄（1934）。臺灣次高山彙に於ける冰河地形研究。*地理學評論*，10（7），606–623。

彭新雅、曾國欣、錢樺、陳彥杕（2019）。運用多時期衛星影像探討外傘頂洲變遷。*國土測繪與空間資訊*，7（2），103–119。

雲林縣環境保護局（2021，12月31日）。揚塵事件日逐年減少 雲縣府濁水溪揚塵治理成果顯著。雲林縣政府縣府新聞。https://www.yunlin.gov.tw/News_Content.

aspx?n=1244&s=365815

黃同弘（2017）。【穿越時空瞰臺灣】濁流沃野 濁水溪下游治理與水資源困局。*經典雜誌*，*223*，32–47。

黃驗、黃裕元（2016）。*臺灣歷史地圖*（初版）。智慧藏。

楊佳寧、郭鎮維、游牧笛、沈淑敏（2022）。臺灣河川流域區、地形分段與類群的建構與分析。*中華水土保持學報*，*53*（1），13–24。

經濟部水利署中區水資源分署（2019，8月26日）。關於集集攔河堰。 https://web.wra.gov.tw/Jiji/cp.aspx?n=8782

經濟部水資源統一規劃委員會（1962，6月）。*濁水溪流域開發集集共同引水計劃實施性規劃報告*。經濟部水資源統一規劃委員會。https://web.wra.gov.tw/wralib/WraLib/wSite/books_25277

葉高華（編著）（2017）。彰化縣之三。*十八世紀末御製臺灣原漢界址圖解讀*（初版，91–102）。南天。

詹長權（2011）。*100年度沿海地區空氣汙染物及環境健康世代計畫研究報告*。雲林縣政府。

臺中州國立公園協會（2016）。*臺中州國立公園風景：新高阿里山、次高太魯閣國立公園風景照片*。南港山文史工作室。

歐素瑛（2023）。*百年臺灣大地：早坂一郎（1891–1977）與近代地質學的建立和創新歷程*。野人。

賴志彰、魏德文（2010）。*臺中縣古地圖研究*。臺中縣文化局。

賴怡璇（2017）。記憶與認同：論當代臺灣散文中的河流書寫。*東吳中文研究集刊*，*23*，161–180。

簡佑丞（2024，9月30日）。臺灣近代大規模水力發電系統的開端——濁水溪（日月潭）的電業文化路徑（上篇）〔部落格文章〕。電業文物典藏。https://service.taipower.com.tw/Collection/2009/2025/8477/

附錄

附件一

侯錦郎家族捐贈信函

此致　國立臺灣歷史博物館

　　〈十八世紀末臺灣原漢界址圖〉由侯錦郎先生於巴黎購得。

　　侯錦郎，一九三七年出生於臺灣嘉義六腳，是旅居法國近四十年的漢學家，研究領域包含道教文化、中國古代文物、敦煌學等，他也是畫家、雕塑家和業餘收藏家。

　　臺灣是侯錦郎的出生地，也是他摯愛的祖國。心心念念保存臺灣歷史，曾以詩抒懷，寫下〈夜讀古臺灣地圖〉，他始終懷抱臺灣獨特的認同，致力臺灣的民主事業。

　　二〇〇八年，侯錦郎於巴黎辭世。為紀念他對臺灣深摯的情感，家人決定將此地圖贈予國立臺灣歷史博物館。

　　他的家人期許觀賞這卷地圖的人們能夠意識到，臺灣複雜的國族認同及其獨特性，是在島嶼的原住民文化、大航海時代、清帝國統治、日本殖民與戰後的威權統治影響下逐漸形成，歷經世世代代臺灣人民的努力，才發展成今日充滿活力的民主政體。

　　家人也希望未來透過對這卷地圖的研究和展覽，能因此呈現臺灣獨特的認同，而此特質也只有在民主政體下，才能繼續保存與發展。

　　家人相信館方有能力守護他們捐贈的初衷，也會尊重侯錦郎的信念。

侯錦郎家族

31 (D)／01 (M)／2024 (Y) 於法國巴黎

作者簡介

（胡慕情／攝）

蔡嘉陽

　　1967年出生於彰化員林，成長求學期間皆在臺中，就讀衛道中學、臺中一中、東海大學環境科學研究所。大一受到生態啟蒙老師陳玉峯的感動與啟發，決定放棄當天文學家而改立志為生態學家；大三上了鳥類學啟蒙老師陳炳煌的課程，並深受彰化海岸當年三千隻大杓鷸群飛蔽空的震撼，決定研究海岸水鳥生態。

　　東海大學環境研究所畢業之後，前往英國Durham大學，在Peter Evans教授門下進行博士研究，利用無線電追蹤與能量守恆的角度，研究大杓鷸的棲地利用與覓食生態。也學到英國自工業革命在海岸過度開發之後，對於海岸濕地、水鳥生態復育與棲地經營管理的經驗。返臺後，將所學應用在彰化福寶漢寶濕地的棲地經營管理，協助彰化環保聯盟進行福寶生態園區的環境教育與生態旅遊計畫。

　　大學研究所時期，歷經彰化海岸大面積的填海造陸開發，深知如果沒有應用所學來阻擋這些開發案進行，再多的研究也無法保護生態。於是投身環保團體NGO組織，積極參與彰化與臺灣諸多環境運動議題，例如反對興建彰工火力發電廠、西濱快速道路對大杓鷸生態衝擊議題，以及反對國光石化

在濁水溪口濕地開發等。

　　尤其是擔任彰化縣環境保護聯盟理事長期間，南彰化濁水溪口濕地又面臨國光石化開發案，從 2008 年開始結合臺灣各界環保團體與公民力量，在 2011 年成功阻擋下國光石化開發，對研究三十年彰化海岸的蔡嘉陽而言，總算為臺灣守下最後一塊自然的河口濕地。

　　在反國光石化運動成功之後，逐漸退出環保運動的第一線，回歸到研究水鳥生態和教書的場域。由惠朋國際公司贊助經費前往俄羅斯、中國內蒙草原研究大杓鷸繁殖生態，了解候鳥遷徙路徑上各棲地面臨的環境問題，並利用空拍機蒐集記錄環境空間資訊，進行環境地貌變遷的調查。

　　在靜宜大學和臺南大學開設空拍機在環境生態研究應用等課程，以及在彰化二林社區大學、新店崇光社區大學和林口社區大學等開設空拍機課程，帶領更多人利用空拍機從空中的視角來認識臺灣生態之美，解析環境面臨人為開發的是非對錯。現任臺灣生態學會理事，持續進行水鳥生態研究、環境教育和空拍機教學的工作。

與二林社大學員在金山金寶山紀念齊柏林的雕像「臨別的天空」下合影，弔念空拍大師齊柏林長眠於此。

本書協力群（以姓氏筆畫順序）

洪振堯

　　經由朋友帶領進入這個班級，剛開始是借用老師的空拍機，飛出心得後自己入手一台。空拍，是用不同角度細看土地面貌，以高度廣角洞悉真實。未來，將持續空拍，記錄臺灣這塊土地的變化。

莊讚復

　　沿濁水溪而飛──空拍視角下的生命之河。隨著蔡嘉陽老師帶領的二林生態空拍課程，我們以無人機飛越濁水溪流域，從高空俯瞰這條孕育西部平原的母親之河。從山林到河口，濁水溪串聯著自然棲地與農業聚落，也記錄著土地的記憶與變遷，溪水與沙洲交會，時間在空中凝結成畫。

楊振璋

　　從不懂攝影，進入二林社區大學學習拍照，直到無人機出現，一路跟嘉陽老師上山下海空拍，不止所見。希望傳達空拍不僅僅是「看到」，還有更深層的意義。

廖永森

　　年輕時熱愛滑翔翼運動，曾到美國、西班牙、土耳其等國參加世界盃滑翔翼飛行比賽，喜愛如鳥類在天空自由飛行，鳥瞰大地。年紀漸長後，雖不再從事飛行運動，對飛行的熱愛程度不減，現於二林社大空拍班上課，透過空拍機的鏡頭，找回年輕時飛行的感覺。

鄭輝龍

我是三年級生，也是社大年紀最LKK的一位學員，很榮幸跟隨老師學空拍。蔡老師帶我們南征北戰，上山下「河」都不以為苦，我們空拍班是記錄西南海岸土地環境變遷。

盧金養

喜歡拈花惹草，熱愛大自然。很高興能跟著嘉陽老師跋山涉水，上山下海，用空拍機以不同的視角記錄彰化西海岸、濁水溪流域各段……等各地的美景、風貌及環境變化。

謝日恆

五年級生，現為二林社大校長，也是生態空拍班一員。平時喜好攝影，常常上山下海到處拍照，但是視野總是有限；加入空拍班後，跟隨嘉陽老師認識不同以往的臺灣生態環境，深深感受到空拍不只是科技的展現，而是一種對土地的敬意與情感的延伸。

鐘奇豐

二林社大生態空拍班學員，喜歡大自然，追隨嘉陽老師用獨特的視角領略自然之美。濁水溪是一條刻畫時間的河，透過空拍，讓我們看見濁水溪如何孕育土地生命，以及面對傷痕與希望。唯有理解，方能保護。

生活視野 55
流淌臺灣之心──濁水溪空拍誌

合作出版

發行人	何飛鵬	指導單位	教育部、彰化縣政府
事業群總經理	黃淑貞	發行單位	二林社區大學
總經理	賈俊國		社團法人彰化縣儒林社區文教協會
總編輯	程鳳儀	發行人	謝日恆
責任編輯	余筱嵐	作者	蔡嘉陽
編輯協力	林淑華	內容協力	洪振堯、莊讚復、楊振璋、廖永森
行銷業務	林秀津、吳淑華		鄭輝龍、盧金養、謝日恆、鐘奇豐
版權	游晨瑋、吳亭儀	封面繪師	王姿莉
法律顧問	元禾法律事務所王子文律師	地址	彰化縣 526 二林鎮豐田里南安路 41 號
出版	商周出版	電話	(04) 8958926
	台北市 115 南港區昆陽街 16 號 4 樓	傳真	(04) 8951560
	電話：(02) 25007008　傳真：(02) 25007759		
	E-mail：bwp.service@cite.com.tw		
	Blog：http://bwp25007008.pixnet.net/blog		
發行	英屬蓋曼群島商家庭傳媒股份有限公司城邦分公司		
	台北市 115 南港區昆陽街 16 號 8 樓		
	書虫客服服務專線：02-25007718、02-25007719		
	服務時間：週一至週五 9:30–12:00；13:30–17:00		
	24 小時傳真服務：(02) 25001990、(02) 25001991		
	劃撥帳號：19863813；戶名：書虫股份有限公司		
	讀者服務信箱：service@readingclub.com.tw		
	城邦讀書花園　www.cite.com.tw		
香港發行所	城邦（香港）出版集團有限公司		
	香港九龍土瓜灣道 86 號順聯工業大廈 6 樓 A 室		
	E-mail：hkcite@biznetvigator.com		
	電話：(852) 25086231　傳真：(852) 25789337		
馬新發行所	城邦（馬新）出版集團【Cite (M) Sdn Bhd】		
	41, Jalan Radin Anum, Bandar Baru Sri Petaling,		
	57000 Kuala Lumpur, Malaysia.		
	電話：(603) 90563883　傳真：(603) 90576622		
	E-mail：service@cite.my		
封面設計	陳文德		
排版設計	林曉涵		
印刷	韋懋印刷事業有限公司		
經銷商	聯合發行股份有限公司		
	新北市 231 新店區寶橋路 235 巷 6 弄 6 號 2 樓		
	電話：(02) 29178022　傳真：(02) 29110053		
出版日期	2025 年 6 月		
版(刷)次	初版一刷		
定價	新台幣 600 元		
ISBN	978-626-390-562-7		
電子書 ISBN	978-626-390-561-0（epub）		

Printed in Taiwan
版權所有，翻印必究

城邦讀書花園
www.cite.com.tw

國家圖書館出版品預行編目資料

流淌臺灣之心：濁水溪空拍誌 / 蔡嘉陽著. -- 初版 -- 臺北市：商周出版：英屬蓋曼群島商家庭傳媒股份有限公司城邦分公司發行, 2025.06
　面；　公分. --（生活視野；55）
ISBN 978-626-390-562-7（精裝）

1.CST：生態攝影 2.CST：濁水溪

733.325　　　　　　　　　　114006733